Goodbye, Love Fool!

恩雅——著

滚蛋吧！恋爱脑

U0314361

化学工业出版社

·北京·

内容简介

《滚蛋吧！恋爱脑》是一本深入探讨恋爱心理机制与情感健康的实用指南。在这个由荷尔蒙和情感驱动的恋爱时代，我们往往容易陷入"恋爱脑"的陷阱，失去理智和判断力。本书从认知恋爱脑入手，揭示了恋爱时大脑的工作机制，并分析了恋爱脑带来的种种负面影响，如过度依赖、情绪失控、对现实的忽视等。

书中不仅详细解构了恋爱脑形成的心理过程，还提供了战胜恋爱脑的具体策略，帮助读者提升情绪智力，学会自我保护。书中的大量案例分析和实用建议旨在引导读者识别爱情中的不健康关系，学会理智地表达和沟通，以及如何在恋爱中保持自我价值。

《滚蛋吧！恋爱脑》不仅是一本关于恋爱的书籍，更是一本关于情感成长和自我完善的励志之作。它提醒我们，在追求爱情的同时，更要关注内心的健康与成长，学会在互爱互尊中构建健康、成熟的亲密关系。

图书在版编目（CIP）数据

滚蛋吧！恋爱脑 / 恩雅著 . -- 北京 ：化学工业出版社，2024. 9. -- ISBN 978-7-122-45997-8

Ⅰ. C913.1

中国国家版本馆 CIP 数据核字第 20246L2J53 号

责任编辑：夏明慧　　　　　　　　　　版式设计：溢思视觉设计 ／程超
责任校对：田睿涵　　　　　　　　　　封面设计：李　冬

出版发行：**化学工业出版社**
　　　　　（北京市东城区青年湖南街13号　邮政编码100011）
印　　装：盛大（天津）印刷有限公司
880mm×1230mm　1/32　印张6¹/₂　字数116千字
2024年9月北京第1版第1次印刷

购书咨询：010-64518888　　售后服务：010-64518899
网　　址：http://www.cip.com.cn
凡购买本书，如有缺损质量问题，本社销售中心负责调换。

定　　价：58.00元　　　　　　　　　　　版权所有　违者必究

前言

是时候和恋爱脑说再见了！

当谈到恋爱时，我们可以在历史中找到无数关于这个话题的艺术作品和文学作品。自古以来，它一直是艺术家歌颂的对象，作家探讨的难题，也是许多浪漫人士追求的目标。而在我们这个科技高速发展的时代，恋爱已不仅仅是诗人笔下的浪漫和歌者口中的旋律，它变得更加真实可感，也越发科学理性。这就不得不让我们深思一个常被忽视却又至关重要的话题——恋爱脑。在科学和社会发展的推动下，我们或许应该更深入地了解恋爱背后的心理机制，让恋爱这一人类情感活动更加丰富多彩，也更加理性和健康。

是的，你没听错，正是那个在你一见钟情时疯狂跳动的心，以及在你失恋之时仿若要破碎的心，它们都有一个共同的指挥官——大脑。然而，一旦这位指挥官被荷尔蒙和情绪"劫持"时，它便成了人们口中的"恋爱脑"，对爱情充满了渴望与执着。

切莫小瞧恋爱脑的"威力"，它可以把理智的人变成情感的俘虏。当恋爱脑"掌权"时，它会让你平时精明的大脑像被放进了一台搅拌机里一样，原本清晰的思维变得混乱至极。

恋爱脑会让你的理性暂时休假。平时能算计到小数点后两位的你，此刻连简单的加减都可能弄错。为什么呢？因为你的大脑正在忙着幻想下一次约会，或者在琢磨对方发来的"嗯"究竟是什么意思。

恋爱脑，这位天生的编剧，尤其擅长编织动人的言情剧。一条简单的晚安短信，在它的精心编排处理下，仿佛成为一部恋人如何相知相守、白头偕老的长篇巨著。恋爱脑会巧妙地让你深陷其中，坚信对方就是你的灵魂伴侣。这种魔力，让恋爱脑成为许多人心中难以抗拒的诱惑。恋爱脑还会给你的双眼加上粉色滤镜：这个世界突然没有了缺点，一切都变得无比美好，就连那些原本足以让你蹙眉的小毛病也化作了别样的可爱与独特。你的恋人迟到了？哦，那一定是因为他在路上忙着搀扶老人过马路呢。恋人忘了你的生日？呀，这一定是因为他在策划一个更大的惊喜呢！

更为可怕的是，恋爱脑似乎天生就对危险的信号免疫。就算这些警示"红灯"在前方肆意闪烁，恋爱脑也会让你觉得它们不过是夜色中无关紧要的霓虹装饰罢了。普通人看到这些醒目的"红灯"会停下脚步，而被恋爱脑"绑架"的人，却可能会加速前进。

所以，当你察觉自己正处于这种微妙的状态时，也许是时候让理智重新掌舵了，重新接管那因荷尔蒙和情绪而舞动的方向盘。偶像剧虽然美好，但我们生活在现实世界中，不是吗？

对于任何一个准备或正在热恋中的人，不管是男性还是女性，都应该尽可能地远离恋爱脑。它不仅会让你丧失理智，还会让你迷失自我。

当然，在爱的海洋中，每个人都可能一不小心就被自己的感情冲昏了头脑。而我们相信，这本书可以帮助你识别那些可能导致你行为偏离理智轨道的情感起伏，并提供实用的策略，以保持情感和心智的理性、健康。

读完这本书，希望你能在浪漫的爱情故事中，始终作为一个冷静的观察者、理智的分析者以及最终的理性行动者。让我们一起告别被情绪左右的恋爱脑，迎接一个明晰而成熟的爱情新纪元。

所以，你准备好了吗？让我们一同喊出，"滚蛋吧，恋爱脑！"

著者

目录

①
认知恋爱脑,
荷尔蒙狂欢的真相

001

❷ 解构恋爱脑,
揭开爱情的迷雾

047

3
战胜恋爱脑，
学会自我保护

095

4

健康恋爱的秘诀，
互爱互尊的黄金法则

145

滚蛋吧！
恋爱脑

① 认知恋爱脑，荷尔蒙狂欢的真相

当我们坠入爱河，恋爱不仅仅触动我们的心弦，还深刻地改变了我们的思考模式和行为。当你变成"恋爱脑"，这意味着大脑也正在化学层面上响应着这种强烈的情感体验。你是否好奇为什么对方的一个微笑就能让你晕头转向，为什么某个人的一举一动会让你如此着迷。从荷尔蒙的肆意狂欢到幻想与现实的激烈斗争，我们将一探究竟，看看你到底是否已经完全陷入情网，变成"恋爱脑"。

荷尔蒙大作战：
恋爱时大脑在做什么？

当我们谈论恋爱初期的状态时，很多人会描述这是一种"蝴蝶在肚子里飞舞"的感觉。这是一种令人心跳加速、脸颊发热，甚至有点晕头转向的激动感。恋爱，这个美妙的字眼，似乎带有一种魔力，能够瞬间点燃我们的情感世界。

但你有没有好奇过：为什么恋爱会让我们产生这种奇妙的生理反应？为何它能够如此深刻地影响我们的情感和思维？

这是一种"蝴蝶在肚子里飞舞"的感觉，令人心跳加速、脸颊发热，甚至有点晕头转向。

在恋爱的初期，我们的大脑实际上是在经历一场由荷尔蒙驱动的"派对"。当我们被某个人彻底吸引时，大脑会释放出一系列化学物质。首先是多巴胺，这种被称为"快乐荷尔蒙"的物质，它会让我们感到欣喜若狂，兴奋不已。

紧接着，还有催产素和内啡肽的加入。催产素常被称为"爱情荷尔蒙"或"抚慰荷尔蒙"，它在加深情侣间的情感联系方面发挥着关键作用。而内啡肽则带来了更加温暖的舒适感，就像是在寒冷的冬日里喝了一杯热可可。

在这种生理变化的驱动下，恋爱不仅仅是心理上的体验，它还改变了我们大脑的运作方式。这就是所谓的"恋爱脑"现象，也就是当我们坠入爱河时，我们的思考方式会发生转变。

想象一下，你第一次和心仪的男生或女生约会，你一定心脏怦怦直跳，手心也可能略微出汗，嘴角挂着无法抑制的微笑。这些反应并不仅仅是心理上的兴奋，它们其实是你的大脑在忙碌地制造"化学魔法"。

你们相约在一个温馨的咖啡馆，四周弥漫着咖啡豆烘焙的香气，柔和的音乐在空气中轻轻回荡。当你看到他推门而入，微笑着向你走来，那一刻，你大脑中的多巴胺水平激增，就好像有人把快乐的开关拧到了最大。多巴胺这种"快乐荷尔蒙"使你感到一种强烈的幸福感和兴奋感，仿佛你们的每一次对视都充满了无限的可能。

咖啡馆的一角就像是一个小小的幸福世界。
你大脑中的多巴胺水平激增，就好像有人把快乐的开关拧到了最大。

　　对话开始了，你们彼此分享着日常的小事，趣味相投的话题让气氛逐渐放松。在这个过程中，你的大脑开始释放催产素，这种被称为"抚慰荷尔蒙"的化学物质正在帮助你逐渐建立起信任感和亲近感。

　　随着约会的推进，你们的笑声和对话在咖啡馆的一角绽放，就像是一个小小的幸福世界。你会发觉，即便对方一个简简单单的玩笑，也能让你笑得合不拢嘴，这是因为内啡肽的作用，它让简单的快乐感加倍，让你感受到一种深切的满足和幸福。

　　约会结束时，当你们互道晚安，分开的那一刻，你可能会感到一丝不舍。这不仅仅是因为你享受和他/她共处的时光，更是因为你的大脑正在哀叹"化学派对"的暂时落幕。然而，这仅仅只是个开始。每一次相遇、每一条消息、每一个微笑，都在持续地强化着你们之间的化学联结，逐渐构建起独特且美妙的情感纽带。

这就是恋爱的初期，一段由荷尔蒙驱动的美妙旅程，一场在大脑深处举办的"化学派对"。在这个过程中，我们不仅学会了如何去爱，还在不断地探索和发现自己。每一次心动，都是对这个奇妙世界的新认识；每一次微笑，都是心灵深处的一次愉快的跳跃。

每一次心动，都是对这个奇妙世界的新认识；
每一次微笑，都是心灵深处的一次愉快的跳跃。

但我不得不提醒你，虽然这个从陌生到熟悉，再从熟悉到相爱的过程会让大脑感到无比愉悦，可它也携带着潜在的风险。一旦完全被"恋爱脑"所支配，你可能会深陷于这段关系之中，进而忽略了那些曾经对你来说至关重要的事物。你可能会逐渐忽视自己真正需要的东西，失去维持个人独立性、自我成长与恋爱之间的重要平衡。因此，享受甜美爱情的同时，也要警惕不失自我，始终保持清醒的头脑，以确保在爱的旅途中，你依然是那个真实、完整的自己。

恋爱脑警报：
八大中招迹象

恋爱脑是个狡黠的家伙，会悄悄潜入你的心理防线，让你在不知不觉中完全为某人着迷。当它发动攻势时，你可能还沉浸在甜蜜的幻想中，意识不到自己已经完全中招。以下是八个显著的迹象，若你发现自己具备其中某些特征，那可要小心了！你可能已成为恋爱脑精心编织的梦境中的主角。

恋爱脑是个狡猾的家伙，会悄悄潜入你的心理防线，让你在不知不觉中完全为某人着迷。

（1）思想全面失控

如果你发现自己的大脑突然间变成了一个全天候的"想他/她放映厅"，恭喜呀，你的恋爱脑已经启动了全开模式。不论是洗澡、吃饭，甚至是开会的时候，你的脑海里总是不由自主地浮现那个人的身影。这可不是电影，这是你的大脑正在借用爱情的力量对你进行全面的"洗脑"。

（2）情绪过山车

感觉自己的情绪突然变得像股市一样跌宕起伏？当他/她回复你的消息时，你高兴得几乎要跳起来，而他/她迟迟不回复时，你又忧郁到几乎想要狂吃东西直至胃疼。这种情绪的大起大落是恋爱脑正在操控你的情绪按钮，让你经历从极度的喜悦到深深的失落之间的快速转变。

（3）滤镜加持效果

在你眼里，这个人简直就是完美的代言人。他／她的一切小缺点在你看来都变成独特的魅力。就算他／她有明显的错误，你也能找出一堆理由来为其辩护。这种理想化实际上是恋爱脑在你的评价系统里装上了"粉色滤镜"。

（4）超级侦探模式启动

突然之间，你发现自己拥有了超级侦探级别的侦查技能。你

你变成了一个专业的"情报收集器"。

能迅速翻阅他/她的社交媒体，记住他/她的日程安排，甚至连他/她喜欢的电影和曲目都能倒背如流。你的恋爱脑把所有的注意力都集中在了这个特定的人身上，变成了一个专业的"情报收集器"。

（5）未来规划师上线

如果在和某人约会后的短短几天内，你就已经开始在心里规划未来的婚礼、蜜月旅行，甚至孩子的名字都想好了，那么毫无疑问，你的恋爱脑不仅上线了，还可能已经开始操控整个局面。这种对未来的快速构想是恋爱脑试图把握控制权，以确保这段关系看起来既稳定又充满希望。

（6）注意力高度集中

什么？恋爱脑还会提升人的注意力？没错，你会发现自己的注意力不再那么容易分散。无论是在健身房还是在会议室，只要有人提及那个特别的人，你似乎总能立刻注意到。这种高度集中的注意力正是恋爱脑的典型表现，它让你对与这个人相关的一切细节都变得格外敏感。

（7）大无畏的牺牲精神

在恋爱脑的影响下，你或许会开始进行一些舍弃，抛弃自己原本的习惯或爱好，只为了能花更多时间在对方身上。比如，你可能会尝试对方喜欢的运动，或者调整自己的日程来配合对方的生活习惯，即便这会牺牲你的个人时间、兴趣，甚至是事业和金钱。

"我其实不太喜欢打篮球，但为了他，我再加把劲学学吧！"

（8）情感共振

你的情绪开始与对方的情绪高度同步。如果对方高兴，你也感到无比的快乐；如果对方不开心，你的心情也会受到影响，感到沮丧或焦虑。这种情感共振是恋爱脑在情感方面的一种体现，表明你与对方的情绪状态紧密相连。

因此，每当你发觉自己出现上述任何一种行为时，不要完全沉溺于这种甜蜜感觉。保持警觉，这些可能是你的恋爱脑在不知不觉中施加的影响。适时地让你的理智重新担任决策的主导者，确保你在爱情的道路上保持正确的航向。明晰恋爱脑如何运作并认识到其潜在的陷阱，是确保情感不会完全支配你生活的重要一步。

无法自拔：
恋爱脑上瘾有多可怕？

恋爱，这甜蜜得令人着迷的小东西，看上去无害，甚至有些天真烂漫，但它背后却潜藏着一股强大的力量。就像是那些你吃上就停不下来的巧克力，一旦开始，就很难停歇。现在，我们来深入探究一番，当恋爱脑进入高速运转状态时，会出现哪些稀奇古怪的事情。

从生物学的角度来看，恋爱可以被看作是大自然精心设计的一个美丽陷阱，其目的是促进种群的繁衍。然而，这个陷阱有时候会太过诱人，以至于我们陷得太深，难以自拔。

让我们来看看你身边是否也有一个像丽莎这样的朋友，或者说此刻的你就是这个丽莎呢？

恋爱就像是大自然精心设计的一个美丽陷阱，
有时候陷阱太过诱人，以至于我们陷得太深，难以自拔。

一个平常的周末，丽莎在图书馆邂逅了迷人的马可。仅仅一句简单的"你好"以及一个温暖的微笑，便足以让丽莎的恋爱脑开启全速运转模式。在接下来的几周里，丽莎和马可的小小互动迅速升温。每次见面，丽莎的大脑都会释放大量的多巴胺和催产素，这让她感到前所未有的快乐和满足。不久，丽莎发现自己已经开始在每次会面前花费数小时去做准备，并且频繁地查看手机，满心期待着马可的每一条消息。

初期的恋爱固然是甜蜜的，然而当恋爱演变成一种必需品，情况就开始变得棘手了。对丽莎来说，马可逐渐变成了她情绪的主宰者。如果一天没有收到马可的消息，她就会感到焦虑和不安。这种对情感反馈的极度依赖，实际上是一种心理上的上瘾状态，与人们对药物或酒精的依赖在生理机制上有着惊人的相似之处。

我们的大脑在恋爱时会建立一种"奖励回路"，这是一种强化机制，促使我们倾向于重复那些能让我们感觉好的行为。在恋爱的情景下，这意味着不断寻求对方的关注和回应以获取心理上的奖励（即多巴胺的释放）。而这种行为，如果不加以控制，最终可能导致个体在情感上完全依赖对方，迷失自我。

"恋爱脑全开模式"下的丽莎，几乎变成了一个专业的马可等待机器，在不对等关系中越陷越深。

不过，从马可的视角来看，他也感受到了与丽莎相处的愉悦与快乐，只是没有像丽莎那样产生深切的依赖。这种不对等的情感投入最终致使关系变得不稳定。马可深感压力巨大，而丽莎则在无尽的等待和希望中越陷越深，经常以泪洗面。

丽莎的情况，堪称"重度恋爱脑"，我们可以幽默地称之为"恋爱脑全开模式"，在这种模式下，她几乎变成了一个专业的马可等待机器。每一个电话铃声，每一则消息通知，她都满心期待是来自马可的呼唤。但这样的期待，让人想起小时候眼巴巴地盯着糖果罐，就等着大人打开来给我们拿一颗糖吃的那种急切。

马可，这个无意间成为丽莎情绪主宰者的可怜家伙，他或许只是想体验一下轻松的约会生活，结果却意外地成了丽莎心理依赖的源头。我们可以想象马可每次收到丽莎的消息时，都要深吸几口气，提醒自己："这不是工作，这是约会！"

丽莎和马可的故事，其实是一个关于恋爱中的"化学实验"的绝佳例子，不过这个实验似乎在丽莎的"实验室"里进行得更为频繁一些。恋爱脑或许会让人感觉如痴如醉，但缺少了自我控制，很快就会变成情感的过山车，坐在上面的人可能会大喊："我想下车！"

恋爱脑或许会让人感觉如痴如醉，
但缺少了自我控制，很快就会变成情感的过山车。

最终，这个案例让我们明白的不仅是恋爱中化学反应所具有的强大影响力，还有在情感关系中维持平衡的重要性。否则，我们可能会不断陷入无尽的等待和希望之中，历经一次又一次的情感起伏，仿佛身处一个永无止境的情绪漩涡之中。

编织爱情：
学会识别恋爱幻想与现实的差异

欢迎进入幻想与现实交织的迷宫，
这是一个由恋爱脑精心策划的地方。

欢迎进入幻想与现实交织的迷宫，这是一个由恋爱脑精心策划的地方。在这里，你的大脑会开始编织各种精彩动人的故事，试图说服你，你和那个特别的人之间的每一次微妙的邂逅，都蕴藏着命中注定的魔力。

而你，作为这场戏的非自愿主角，可能会发现自己正在被这些自我编织的剧情所牵引，甚至开始相信这一切都是上天的安排。你的内心戏越来越丰富，情节越发复杂，恋爱的感觉似乎在每次的想象中都被无限放大。

幻想的力量是如此强大而迷人，
强大到让你坚信这些幻想的美好画面一定会成为现实。

艾米和卓然的故事，就是这场幻想与现实交织的生动写照。艾米，一位自诩为现实主义者的浪漫剧作家，偶然在一家书店遇见了卓然，当时卓然正好从她喜欢的小说区拿起最后一本她想买的书。这个场景犹如一部精心编排的浪漫喜剧，恰到好处地触发了艾米的"命运感"。

从那天起，艾米的思绪如同脱缰的野马，在幻想的草原上肆意奔腾。每当她和卓然有一点小互动，她的心里便立即勾勒出一幅他们共同经营未来的美好画卷。卓然喜欢喝咖啡，在艾米的想象中变成了两人周末悠闲时光的甜蜜陪伴；卓然喜欢小狗，在艾米脑海中演变成了他们一同漫步在公园，享受阳光与微风，与爱犬嬉戏的温馨画面。这种幻想的力量是如此强大而迷人，让艾米坚信这些幻想的美好画面一定会成为现实。

然而，现实并不总是像艾米想象的剧本那样发展。当卓然提到他的旅行计划，没有提及带上艾米时，她感到深深的失落——这与她所编织的爱情故事大相径庭。而这种失落感揭示了一个关键问题：当我们的恋爱脑开始编撰故事时，它往往会营造出一种期望，但这种期望未必能与现实相契合。

艾米的故事不是孤例。很多人的恋爱脑都在不停地编织故事，这些故事让我们笃信，每一个细微的举动、每一个偶然的巧合都是命中注定的征兆。比如，如果他在你发短信后立即予以回复，你的大脑可能会告诉你，这表明他对你极为关切。但现实可能仅

当我们的恋爱脑开始编撰故事时，它往往会营造出一种期望，
但这种期望未必能与现实相契合。

仅是，他刷手机时刚好看到了你的消息，第一时间回复了而已。

最有趣的是，当我们预先设定的剧本遭遇现实的挑战时，恋
爱脑并不会轻易放弃。它会开始调整故事线，试图让每一件事都
能够合理地嵌入我们的浪漫叙事之中。例如，当艾米意识到卓然
不太可能邀请她一起旅行时，她的大脑可能会编出一个全新的故
事：卓然是想给她一个惊喜，或者他正忙于为未来的共同生活积
攒经验呢。

当预先设定的剧本遭遇现实的挑战时，恋爱脑并不会轻易放弃。
它会调整故事线，
试图让每一件事都能够合理地嵌入你们的浪漫叙事之中。

这种故事编织的能力，虽然有时候会导致我们对关系有些不切实际的幻想，但也确实为我们的恋爱生活增添了不少乐趣和悬念。不过，我们也需要时不时地给自己一个现实检查，确保自己不会完全迷失在自编的故事里，忽视了与恋人之间真正的、实实在在的互动和情感交流。

所以，当你走进这个迷宫，享受其中的魔力时，也不要忘记偶尔停下脚步，审视一下自己的感觉和想法是否真实，是否有根据。记住，最终走出这个迷宫，找到真实的爱情，需要的是对现实的直面，而非在幻想中迷失。

在这里我们可以给所有的"艾米们"提供几个实用的建议，以帮助"艾米们"及时区分现实与恋爱脑编织出来的幻想剧情之间的差别。

（1）设立检查点

每当你察觉到自己开始陷入幻想时，试着问自己几个问题，如"这种情况实际发生的概率有多高？"或"有哪些证据能够支撑我的这种想法？"这可以帮助你始终保持客观的态度，最大限度地减少幻想对自身情感所带来的影响。

（2）与朋友讨论

多与朋友分享你对关系的看法和内心的期望，仔细倾听他们的意见。朋友们可能会提供不同的视角，帮助你更客观地评估你的恋爱关系。

（3）记录你的感受和预期

定期记录你和恋人之间互动的真实情况以及你的预期设想。回顾这些记录可以帮助你清晰地看到幻想和现实之间的差距。

（4）关注行动而非言语

行动往往比言语更能显示一个人的真实意图。仔细观察对方的行为表现，看它们是否与你的幻想一致。

新鲜感的魔力：
新恋情为何如此迷人？

新恋情的开始就像是品尝一瓶长时间酝酿的香槟，那种突如其来的美妙感觉，令人既兴奋又伴有轻微的晕眩之感。没错，新恋情所具有的魔力，无疑是公认的提神妙剂。你可能还没来得及深入了解对方，你的心跳已经开始不自觉地加速，而这一切的根源，皆是因为你的大脑在悄然举办着一场"新恋情启动派对"。

想象这样一个场景：在你上一段恋情结束了半年之后，一个阳光明媚的下午，你无意间邂逅了一个让你一见钟情的人。在那一刻，你的大脑仿佛点燃了一支烟花，多巴胺、催产素、肾上腺素等荷尔蒙纷纷开启了它们的狂欢派对。多巴胺让你感到无比的快乐和满足，催产素让你迅速和对方建立起深厚的情感联结，而肾上腺素则促使你心跳加速，整个人都焕发出蓬勃的生命力。

这就是新恋情之所以能够让人如此兴奋的缘由——它触动了大脑中的奖励机制，从而让你感受到强烈的愉悦感和幸福感。每一则消息、每一通电话、每一次见面，都仿佛是在颁发荷尔蒙大奖一般，让你深陷其中难以自拔。

"这久违的新鲜感又回来啦！"
新恋情触动了大脑中的奖励系统，
让你感受到强烈的愉悦感和幸福感。

在恋情的初期，我们往往会对对方抱有理想化的认知。在你眼中，他 / 她几乎毫无缺点，所有的小瑕疵在你看来都转变成了可爱的个性标签。比如，他的健忘不再是让人头疼的难题，反倒成为一种可爱的"散漫艺术家式的浪漫"；她的直率不再是交流的阻碍，而是一种"坦荡荡的性格魅力"。

这种美丽的幻觉，其实是新恋情中极为常见的情形。大脑在这个阶段会选择性地忽视那些可能对情感造成影响的负面信息，仅仅保留那些能够强化你们之间关系的积极印象。这不单单是自我欺骗，更是一种生物学层面上的优化策略，以便让你能够在不受外界干扰的情况下，全心全意畅享这段关系所带来的美好。

然而，新恋情所带来的兴奋感并非永恒不变。随着时间的推移，那些起初让你心跳加速的细微之处，或许会逐渐变得寻常。你会开始留意到对方的一些不足，开始对一些原本觉得饶有趣味的习惯产生厌烦。这就是所谓的热恋期结束，现实开始逐渐展露。

当热恋期的新鲜感逐渐消失，
日常生活平淡得就如一杯搁置许久的茶。

但这并不是坏事，因为恰是在这个阶段，你们将拥有重新审视的契机，用更加成熟和客观的眼光来评判这段关系。倘若你们能够携手共同走过这一转变期，那么你们的关系便有可能发展为更长久且稳固的伴侣关系。

不过，当热恋期的新鲜感逐渐消失，日常生活平淡得犹如一杯搁置许久的茶，已然不再具备最初的香气和温度，一些人也许会心生不安，渴望重新点燃那初遇时的火花。这种对新恋情兴奋感的依赖，有时会驱使其中一方再度启程，去寻觅新的情感刺激，以求重现那种强烈的恋爱脑状态。

像马丽这样的人，可能就是一个例子。马丽和她的恋人本来幸福美满，但随着时间的流逝，她开始感觉关系变得有些乏味和单调。她开始怀念那种恋爱初期心跳加速、肾上腺素飙升的感觉。

在一次偶然的晚会上，一位年轻的经理人凭借其独特的魅力和幽默感，重新点燃了马丽内心的火花。马丽察觉自己很快就沉浸在与这位英俊男士的交谈中无法自拔，渴望再次体验那种刺激的恋爱脑状态。好在理智促使马丽及时遏制住了这一想法，始终将两人的相处距离牢牢控制在朋友的界限之内。

这种想法背后的驱动力，依然是多巴胺的强烈刺激，它让人沉醉于爱的浪漫和激情中，想要重获生活中久违的新鲜感和兴奋。但即便如此，也不能忘了现实世界的恋爱法则！

追求新恋情的冲动实际上并不总能带来长久的满足感。
当恋爱的新鲜感渐渐褪去，
有些人或许会发现自己又一次陷入那种渴望新刺激的循环之中。

然而，这种追求新恋情的冲动实际上并不总能带来长久的满足感。当恋爱的新鲜感渐渐褪去，当日常生活的平凡再度显现，有些人或许会发现自己又一次陷入那种渴望新刺激的循环之中。这种模式可能导致一连串的短暂关系，每一段关系都在追求开始时的兴奋感，却很少发展到更深层次的情感联结。

这种现象折射出一个更为深层次的心理态势：一些人可能因为害怕直面深层的情感依恋和生活的平淡，从而持续不断地寻觅新的恋情以逃避。这不仅可能阻碍个人的情感成长，也可能导致他们在人际关系中经历接连不断的不满和分离，甚至错过最适合携手相伴一生的那个人。

颜值的诱惑：
寻找比外表更深刻的联结

在讨论恋爱脑时，我们不得不提一个让人既爱又恨的话题：外貌所具有的影响力。没错，当你的心跳因某人的一颦一笑而加速，当你在人群中只能看到那个耀眼的他／她时，那么恭喜你，你可能已经成为"颜控"群体中的一员。然而，为什么我们都对美貌如此难以抗拒呢？下面让我们深入探究一番。

从生物学的角度来看，人类对美的追求并非肤浅的感官享受，而是深植于我们的进化本能之中的。美貌常常被视为健康和吸引力的标志。一张对称且比例协调的面孔，在进化过程中被视为良好基因的象征，而这些无形的信号，潜移默化了我们的择偶选择。

想象一下，当你在咖啡馆里一个人享受悠闲时光，一个"超高颜值"的人走进门，那一刻，似乎所有的咖啡香都汇聚在了这个人的身上，周围的嘈杂声骤然远去，只剩下他／她的存在，这就是所谓的"定势效应"。不仅如此，你的大脑开始积极地分泌多巴胺，那种愉悦感就像是在寒冷的冬日里突然喝到了一口热乎乎的奶茶，温暖而满足。

人类对美的追求并非肤浅的感官享受，
而是深植于我们的进化本能之中的，潜移默化了我们的择偶选择。

让我们来看看小李的故事。小李是个标准的颜控，美貌对他来说，是恋爱的第一要素。这个习惯让他在朋友圈里有了个昵称——"审美侦探"。直到那个周末，他在朋友的艺术展开幕式上遇到了安妮，一个有着迷人笑容和优雅气质的女孩。

安妮穿着一件简单的黑色小裙子，搭配着一双红色高跟鞋，显得既时尚又不失优雅。当她在画展前驻足观看，轻轻地托着下巴，沉浸在画作中时，小李瞬间就被她的这份沉静所吸引。他走上前去，试图以一句轻松的开场白打开话匣子。

"这幅作品让我有点困惑，不知道艺术家想表达什么。你觉得呢？"小李尽力让自己看起来有几分艺术家的深沉。

"我觉得，艺术就是要让我们感到困惑和思考的。每个人的解读都是独一无二的，就像恋爱一样。"

安妮转过头，微笑着回答："我觉得，艺术就是要让我们感到困惑和思考的。每个人的解读都是独一无二的，就像恋爱一样。"

小李被她的回答所触动，两人很快就交谈起来。那天晚上，他们一起参加了朋友的聚会，共进晚餐，随后还一同前往了附近的爵士酒吧。安妮对艺术的热情和对生活的独特见解让小李感到格外新鲜和兴奋。他发觉自己不仅被安妮的美貌所吸引，更被她的内在魅力所折服。

几周过后，小李和安妮的关系迅速升温。他们经常一起外出约会，从泡咖啡馆到参观画展，小李似乎对安妮的所有兴趣都表现出了极为浓厚的兴趣。但随着时间的推移，小李开始意识到，他和安妮除了这些外在的活动，真正的共同语言其实并不多。

一天晚上，两人在安妮的公寓里看电影时，电影里的情侣经历了种种磨难，最后依然坚定地走在一起。小李不禁感叹道："他们真的是极为般配。"

安妮却若有所思地说："是啊，但他们能坚持，是因为他们有共同的理想和目标，不仅仅是因为彼此外表般配。"

真正的亲密关系需要的不仅仅是外貌的吸引，
更重要的是深层次的精神和兴趣上的共鸣。

这番话让小李陷入了深思。随后的几周里，他越发明显地感觉到自己对安妮的"共同兴趣"实际上只是一种表面的热情，是他为了维持这段关系所做出的努力。尽管安妮的美貌依旧让他着迷，但他察觉自己在生活的其他方面与她的步伐并不一致。

终于，小李意识到，真正的亲密关系需要的不仅仅是外貌的吸引，更重要的是深层次的精神和兴趣上的共鸣。他不愿意再假装对安妮的兴趣感到兴奋，也不想将自己的幸福建立在不真实的基础上。在一次长谈后，两人决定退回到朋友的身份，各自去寻觅真正与自己步调一致的恋人。

借着小李的故事，我们可以试问一下自己：我们是否有时过于依赖外貌，而忽视了去评估与一个人真正相处时的感受呢？美丽，诚然能为初次见面的人增添光彩，但它却不能保证长久的关系稳固和情感满足。美貌如同精心调配的拿铁咖啡，初尝时，那浓郁的奶香与咖啡的苦涩交织出迷人的甜蜜，然而随着时间的流逝，若只有甜腻而无其他层次，便可能让人感到单调。

而现实生活中，不少人在颜值的耀眼光芒下，忽略了性格的相容性、价值观的匹配度等更为关键的因素，最终发觉自己不是走进了心爱之人的内心深处，而是掉进了感情的陷阱之中。

所以，当你下次被某人的外表所吸引时，不妨先按下心中的暂停键，试着去了解这个人的内在：他的兴趣爱好、性格特点、生活态度等。真正魅力的呈现，往往不是一见钟情时就能完全展现出来的，而是在平淡的日常生活中，慢慢去发现对方闪光点的过程。

完美陷阱：
打破完美恋人的幻想

当恋爱的甜蜜糖衣悄悄地将现实的棱角包裹，我们常常不自觉地在心中塑造出一个完美无缺的恋人。这种心理现象，通常被称为"完美陷阱"。它是一种精妙且强大的幻觉，由恋爱脑精心营造而成，让你深信不疑地认为，你所爱的那个人正是你理想中的样子，无懈可击，无瑕可寻。

在恋爱脑精心营造的"完美陷阱"中，
对方看起来总是无所不能，无所不知，
仿佛是专门为我们定制的一样。

在这个完美陷阱的影响下，每一个微笑、每一次触碰、每一句对话都被赋予了特殊的意义。我们开始过滤掉所有不符合这一完美形象的信息，只选择那些能够强化我们心中理想化形象的细节。就这样，恋爱脑精妙地编织出了一个完美的爱情故事，让对方看起来无所不能，无所不知，仿佛对方就是专门为我们定制的一样。

张小姐在朋友的婚礼上遇到了高先生，一个高大、英俊且风趣幽默的男士。高先生在婚礼上的表现引人瞩目，他不仅帮忙快速解决了突发的音响问题，还在晚宴上尽显风度。张小姐的心中不由自主地勾勒出了高先生的完美形象：既能文能武，又懂生活，简直是"现代骑士"的具象化身。

在随后的几次约会中，张小姐心中的那幅完美画像越发明晰。高先生的每一次绅士之举，都让她坚信自己找到了真爱。然而，随着两人关系的深入，现实的细节开始逐渐浮现。高先生虽然擅长应对突发事件，但在日常生活中，他的那些"小习惯"——不爱整理、健忘等——开始让张小姐感到些许不适。

有一天，张小姐来到高先生的公寓，发现客厅杂乱无比，沙发上堆满了未洗的衣服和各类杂志。她突然意识到，自己一直在忽视这些不完美的现实，仅仅因为她被一开始的完美印象所深深吸引。这种认识让张小姐感到困惑，她开始怀疑，自己是真的了解高先生，爱他本身，还是仅仅爱上了自己脑中构建的那个完美形象。

良好亲密关系的建立是基于对彼此的真实了解和接纳之上的，
而非依靠一时的虚幻想象。

从高先生公寓的混乱无序到他对时间管理的松散态度，一个个小细节逐渐剥去了初见时的光环，展现出了更真实的一面。张小姐开始反思，自己是否一直在与一个虚构的形象相恋，而忽视了真实的高先生。

这种现象在恋爱中并不罕见。在恋爱的初期，被爱的美好感觉笼罩时，我们容易将对方视为完美伴侣的化身，任何小缺点都可以被无限放大的优点所掩盖。然而，随着感情的逐渐深入，双方面临更加严峻的现实挑战，双方性格和价值观的全貌展露无遗。这个阶段不仅是个人自我发现的重要过程，也是相互理解和接纳的关键时期。

张小姐的内心经历了从激动到疑惑，再到接受的转变。她逐渐意识到，爱一个人不仅仅是爱他的完美形象，更要接受他的不完美。这需要从理想化的爱情观中觉醒，面对并接纳两个真实的、有缺点的个体如何在现实世界中共同生活和成长。

这个觉醒的过程虽然可能伴随着痛苦和失望，但也提供了一个成长的机会。它教会我们如何在爱中保持清醒，如何在深情的同时不失理性。只有这样，爱情才可能从荷尔蒙驱动的短暂狂热走向心意相通的、成熟的伴侣关系。

通过张小姐的经历，我们可以看到，当恋爱脑过度运转，我们很容易落入"完美伴侣陷阱"中，下意识地将对方理想化，而忽视了真实的人性和每个人都会有的缺点。这种幻想虽然在短期内显得甜美无比，但最终必然面临现实的考验。良好亲密关系的建立是基于对彼此的真实了解和接纳之上的，而非依靠一时的虚幻想象。

黏人指数：
测试你的恋爱依赖度

在恋爱中，依赖有时会悄无声息地爬上心头，当你意识到时，

在恋爱中，依赖有时会悄无声息地爬上心头，当你意识到时，
可能已经深陷其中难以自拔。

可能已经深陷其中难以自拔。对于这种现象，我们可以借助一种有趣的方式来自我诊断，即"黏人指数测试"。通过这个测试，你可以了解自己在恋爱中对对方的依赖程度，测试结果从完全不依赖到过度依赖分为多个等级，或许能帮助你正确认识自己是否过于依赖对方。

假设这是一个真实的测试，那么其中的一些题目可能是这样的：

（1）当对方没有立即回复你的信息时，你会：

A. 没什么感觉，继续做自己的事情

B. 有点小失落，但很快就忘了

C. 不断查看手机，焦虑不已，怀疑自己是不是说错了什么

（2）如果计划与恋人外出，但对方临时有事取消了，你的反应是：

A. 接受变动，并提议改天

B. 有些失望，但可以接受

C. 感到非常失落，甚至生气，并怀疑对方"临时有事"的真实性

（3）当你没有和恋人在一起时，你的心情如何：

A. 如常，享受个人时间

B. 有些想念，但还是能高兴地做其他事情

C. 感到不安，几乎无法享受单独的时光

"他们怎么在小杨的朋友圈下聊起来了？"

（4）当你在社交媒体上看到恋人与其他人互动时，你的反应是：

A. 觉得没什么大不了的，继续浏览其他内容

B. 略感好奇他们在聊什么，但很快就转移了注意力

C. 感到不安甚至产生嫉妒心理，可能会追问恋人互动的细节

（5）如果你的朋友建议你对恋人少些依赖，多关注自己，你会：

A. 认真思考他们的建议，并尝试实施

B. 考虑一下，但没有太多行动

C. 感到被误解或进入防御状态，认为他们不理解你的恋爱
   关系

（6）你正在计划一个重要的个人项目（如工作相关或
个人兴趣相关），但恋人需要你，你通常会：

A. 平衡个人项目与恋人的需求，努力做到两者兼顾

B. 考虑调整自己的计划，但确保不会完全放弃自己的事情

C. 立即放下自己的计划，优先满足恋人的需要，即使这可能
   对自我成长造成影响

"出差在外，注意安全，一定要照顾好自己啊！"

（7）当你的恋人要出差几天时，你的反应是：

A. 觉得这是个独自完成一些事情或与朋友相聚的好机会

B. 感到有点寂寞，但很快适应

C. 感到非常孤独和不安，频繁发送消息以确认他们的安全和
感受

（8）如果你们起了小争执，恋人希望留些空间彼此冷
静一下，你会：

A. 尊重对方的需求，给对方空间，同时利用这段时间处理好
自己的情绪

B. 感到有些不安，但试图给对方时间

C. 感到被抛弃或焦虑，难以接受分开的时间，可能会坚持沟
通直到问题解决

借由这样的测试，你可以初步判断自己在恋爱中的依赖程度。
如果大部分答案倾向于 C 项，那么你可能已经有了较高的"黏人
指数"，这种强烈的依赖感可能会对个人的情感健康造成影响。

在恋爱中保持一定的独立性是至关重要的，它不仅有助于个
人的全面发展，还能提高关系的健康度和稳定性。过度的依赖往
往会使关系变得"沉重"，甚至引发对方的压力和不满，不利于双
方情感的稳定。

比如在一次朋友聚会中，小赵发现自己对女友的依赖已然达

到了令人担忧的境地。他们一起参加了一个朋友的生日派对，整个晚上小赵几乎没有离开过女友的视线范围。每当有人邀请他参加游戏或者单独对话时，他总是不自觉地看向女友，寻求一种安全感。

恋爱中的依赖需要适度。
过多的依赖不仅会让人迷失自我，还可能给双方带来负担。

后来，一位好心的朋友私下里向小赵提出了建议，这也让小赵意识到了自己可能过于依赖恋人了，这种状态不仅限制了他的社交圈，还可能给他们的关系带来不必要的压力。于是小赵开始努力调整，学着独立，逐渐重拾了个人的社交活动和兴趣爱好。

小赵的这种行为是许多人在恋爱中都可能呈现出的一种极端表现形态。他们或许会认为唯有恋人在身旁时才能感受到十足的安全和满足，而忽视了自己作为一个独立个体的价值和需求。这种心理状态倘若不加以调适，不仅会影响到个人的社交圈和生活质量，还可能引发关系中的不平等以及依赖性问题，最终可能导致双方逐渐疏远甚至分手。

透过这些故事和测试，我们能够察觉到，恋爱中的依赖需要适度。过多的依赖不仅会让人迷失自我，还可能给双方带来负担。真正健康的恋爱，理应是两个独立个体的美好结合，而不应是一方对另一方不健康的过度依赖。

绿眼怪兽：
解码恋爱中的嫉妒心理

即便是恩爱有加的情侣也难逃
"绿眼怪兽"（嫉妒心理）的侵袭。

在恋爱的和谐旋律中，偶尔也会迸发出一些不和谐的音符，而其中最具破坏力的当属嫉妒心理。即便是恩爱有加的情侣也难逃嫉妒心理的侵袭。我们通常形象地将其称为"绿眼怪兽"，因为它能在不经意间侵蚀人的理智，给甜蜜的爱情蒙上一层阴影。

嫉妒，这位不请自来的"客人"，是恋爱脑状态下的一种极为强烈的情绪反应，常常在我们毫无察觉之时悄然"发作"。让我们通过张明和李梦的故事，深入探究这种情绪的复杂性及其解决策略。

张明和李梦是一对交往多年的恋人。某天，他们一起参加朋友的派对。在派对上，李梦与一位新认识的英俊男士聊得非常投机，这情形让旁观的张明感到不安。尽管场面上充满欢声笑语，张明的内心却如同被一阵寒风掠过，他那颗受恋爱脑控制的心开始编织种种"不安全"的幻象。

派对结束后，二人在车内的气氛变得微妙起来。张明忍不住抛出了试探性的一问："我看你和那位男士聊得挺开心的，是有挺多共同话题呢？"

李梦略感意外地回应："哦，那个呀！我们是在谈论一些工作上的事情。"

张明的话语中不经意地流露出了一丝嫉妒："真的只是工作那么简单吗？你们看起来还挺亲密的。"

"真的只是工作那么简单吗？你们看起来还挺亲密的。"

这段对话揭示了引发嫉妒的两大根源：不安全感和恐惧。这种不安全感通常源于对自身价值的怀疑，内心深处的不确定性让我们质疑自己是否足够优秀。而恐惧，则源自一种深切的忧虑，担心自己最珍爱的人可能会离我们而去。在这两种情绪的驱使下，恋爱时的大脑如同被放大镜放大了一般，这些微妙的情绪反应变得更为强烈和直接。

而在嫉妒的控制下，我们的思维往往会变得有些失衡。我们可能会把对方一句简单的回复或是一个无意的笑容，解读为背后隐藏的情感威胁。这种对潜在威胁的过分敏感，大多源于我们内心深处对关系稳定性的担忧和对被遗弃的恐惧。

在这种情绪的推动下，我们的大脑就像是一个高度敏感的警报系统，对每一个小动作都进行了过度解读，甚至在心里编织出一些完全不存在的剧情。这种误解和假设不仅让我们自己承受了不必要的心理压力，也可能让我们的伴侣感到被误解，进而加深双方之间的不信任和隔阂。

在张明与李梦的故事中，我们可以看到张明是怎样因为内心深处的恐惧把普通的社交互动解读为对他们关系的潜在威胁的。他的内心被遗弃的恐惧如影随形，推动他不断寻找自己缺乏安全感的"证据"。每一个看似无关紧要的对话或简单的交流，都可能被他视作背叛的征兆。这种情绪驱使他表现出一种控制欲，试图通过限制李梦的社交活动来减轻自己的不安。

然而，这种行为往往对情感关系具有极其负面的影响。一方面，它限制了恋人的个人自由，让对方感到被束缚、缺乏信任和尊重；另一方面，这种持续的疑虑和责备会逐渐耗尽双方的感情积累，增加关系的紧张感和疏离感。如果这种状态持续下去，即使再坚固的恋爱关系也可能因为信任的缺失而面临崩溃的风险。

这一过程不仅是对双方感情的严峻考验，也是一个自我反省和成长的机会。理解并妥善处理这种由不安全感引发的过度反应，不仅能帮助恋人们建立更健康的相处模式，也能促进个人情感成熟度的提升。在爱的道路上，我们需要学会信任，尊重彼此的独立性，同时也要勇于面对和解决自己内心真实存在的问题。只有这样，我们的恋爱关系才能更加稳固，充满活力。

滚蛋吧！
恋爱脑

② 解构恋爱脑，揭开爱情的迷雾

当爱情轻叩心扉，恋爱脑便开始悄然运作，让你沉浸于甜蜜的幻境之中，此时你是否仍能保持头脑清醒？本部分将引导你识破那些让人眼花缭乱的恋爱迷雾：从辨别"爱情骗局"，到审视社交媒体构建的虚幻爱情；从揭露恋爱中的操控手段，到识别关系中的危险信号。我们将逐一剖析，帮助你在爱的迷宫中，不被情感冲昏头脑。

是真爱还是欺骗？
警惕精心制造的"爱情骗局"

在情感的海洋中航行，我们的恋爱脑有时会成为一个不靠谱的船长，尤其是当它遇到看似闪闪发光的爱情信号时。当恋爱脑全速运转，忽略了所有安全警告时，我们的感知系统甚至会对危险的"红灯"视而不见，忽视那些明显的警告信号，沉醉于热恋所带来的快乐情绪中。

这种情绪的高涨往往会掩盖理性的声音，让人在甜言蜜语和承诺的迷雾中迷失方向。恋爱脑的运作模式是强化那些让我们感觉良好的信号，同时掩藏那些可能触发警觉信号的不利信息。在这种状态下，即使是常见的欺诈行为，如突然的借钱请求，也可能被误解为恋人间的正常互助。

当恋爱脑全速运转，你很容易忽视那些明显的警告信号，
况醉于热恋所带来的快乐情绪中。

小林是一个典型的恋爱脑，他总是在寻找那种电影里才会出现的爱情。当他在一款流行的交友软件上遇到了小美时，他的心脏似乎漏跳了一拍。小美聪明、迷人，每一个回复都像是专门为他量身定做的，完美地契合他的情感需求。小林立刻被甜言蜜语冲昏了头脑，不由自主地投入了这段看似美好的恋爱关系中。

在恋爱的早期，一切似乎都被精心编排，宛如电影中完美的情节。小林和小美同欢喜共开颜，一起讨论着未来生活与浪漫梦想，小美总能在最合适的时刻说出让小林心动的话语，他的恋爱脑迅速占据上位，带领他进入了这层甜蜜的迷雾中。然而，在这种甜蜜的诱惑下，一些本应引起警觉的细节却被他忽视了。比如，每当小林提出见面，小美总能以各种看似合理的借口推脱，或是突如其来的工作任务，或是家里出现了紧急情况，等等。

随着时间的推移，小美的借口越来越多样，也越来越频繁，小林的恋爱迷雾也开始逐渐散去，现实逐渐清晰。直到有一天，小美突然泪流满面地向小林坦白，她遇到了一个大麻烦，她的银行账户被冻结了，急需一大笔资金来解决问题。小林，这个彻底被恋爱脑控制的年轻人，没有任何犹豫，立刻转账帮助了他心爱的人。

然而，这只是开始。之后，小美提出的金钱请求越来越多，每次都以更加紧迫的理由寻求小林的帮助。随着金钱一次次地流出，小林的疑虑也日益加深。他开始反思这段关系的真实性。他的内心充满了矛盾和挣扎，从最初的深信不疑到现在的犹豫不决。

在情感的海洋中，我们很容易迷失方向，
忽视那些冰山一角的危险信号。

逐渐地，小林开始试图与小美讨论这些问题，但每次都被她以更多的眼泪和情感宣泄回避掉了。小林感到困惑和无助，这种感觉慢慢转变为疑虑。小林逐步清醒，开始认识到自己可能陷入了一个精心布置的陷阱之中。

一次偶然的机会，小林在朋友的聚会上无意间提起了小美的事。朋友们一致表示怀疑，建议小林做更深入的调查。通过一系列的搜索，小林发现，小美发过来的自拍照居然是一位海外模特，而她的社交账号也是近期才创建的，几乎没有任何背景信息。

这一发现像是冰水般浇醒了小林，让他不得不从甜蜜的梦中惊醒。小林意识到，他一直在与一个虚构的形象恋爱，而这一切都是精心策划的骗局。

正如小林所经历的那样，在情感的海洋中，我们很容易迷失方向，忽视那些冰山一角的危险信号。情感的迷雾不仅令人沉醉，还可能导致我们在没有充分了解对方的情况下，就深陷其中无法自拔。

恋爱脑的作用虽然能够增强我们的情感体验，让我们在爱的旅途中享受每一个浪漫瞬间，但它也像是一副有色眼镜，使我们在看世界时容易失去客观性。一个完美编织的虚假身份足以让一个成年人忽略所有合理的怀疑，投入一个根本不存在的爱情故事中。这种情感的投入，虽然充满了热情和期待，却也布满了潜在的风险。

在数字化的现代社会，情感的本质其实并没有改变。我们仍然渴望被爱和与恋人产生连接，但这种渴望也使我们容易掉入精心设计的情感陷阱中而无法自拔。因此，保持一定的警觉和理智，对于现代恋爱来说是不可或缺的。以下是一些常见的危险信号，可能与欺骗行为相关：

保持一定的警觉和理智，对于现代恋爱来说是不可或缺的。

（1）过度理想化

如果对方在你们认识不久后就极力向你表达你是他／她的理想伴侣，将你描述为其生命中的完美恋人，这可能就是个警报信号。操纵者常用这种方式来迅速建立信任感和情感依赖。

（2）财务请求

对方在关系的早期就开始谈论财务困难，并寻求你的经济帮助，尤其在你们还没有见过面时就提出此请求，这是一个明显的警示。真诚健康的恋爱关系应是基于情感的而非财务支持的。

（3）忽冷忽热的行为表现

如果对方的行为表现极不稳定，时而热情过度，时而冷淡至极，这可能是在试探你的相处底线和相应的情绪反应。这种行为经常用来刺激和控制伴侣的感受。

（4）逃避见面

对方总是以各种借口逃避线下见面，尤其是在长时间的交流后仍旧找理由推迟见面，这可能暗示他们有所隐瞒。

（5）对个人财务状况等敏感信息的过度关注

对方如果尤其关注你的财务状况、各类安全账号或其他个人身份类的敏感信息，这可能是在预谋进行身份盗用或其他形式的欺骗。

（6）描述信息不一致

如果你发现对方的经历描述信息前后有出入，或者他们不能提供细节一致的回答，这可能表明他们在撒谎。

在这个数字化时代，虽然真爱依然存在，但我们的爱情旅程更需要谨慎和智慧来保驾护航。在追寻爱情的过程中，学会听取内心深处的声音和理智的提示是至关重要的。这样做，不仅可以保护我们免受不必要的伤害，还能帮助我们在复杂多变的情感世界中找到真正的幸福。

爱情，尤其在今天这个充斥着无数可能和选择的时代，更像是一场精心策划的探险之旅。我们需要用心去感受，用脑去思考，才能找到那个能与我们真诚相待、共同成长的人。在这趟旅程中，我们将学会如何在激情与理智之间找到平衡，如何在追求心动的同时，也不忘留一份清醒，确保自己在感情的旅途中既是一个热情的参与者，也是一个明智的观察者。

因此，在这个充满未知的情感旅途中，让我们携带足够的智慧和谨慎，以开放的心态迎接真爱，同时用成熟的心智去筛选、去判断，确保我们能够抵达那个属于自己的幸福彼岸。这样的爱情旅程，虽充满挑战，但也更加真实且有意义。

沉默的回应：
他为何不回你消息？

在现代恋爱的数字舞台上，一条未及时回复的消息，有时足以引发一场小型情感风暴。特别是当你是一个典型的恋爱脑时，它会拉高我们对伴侣的期望，放大每个小互动的意义，特别是在消息交流频繁的今天。

陈玲刚开始和男朋友马凯交往时，手机是他们交流的主要工具。起初，消息往来如同恋爱中的蜜语，频繁且充满期待。然而，随着时间的推移，马凯的回复变得不那么及时，有时甚至是一整天都杳无音信。

当恋爱脑开始启动，
每次消息回复的延迟就会被解读为不被爱或被忽视的证据。

有一次，她整整一天都在等待马凯的消息，结果只收到一个"嗯"字，这让她感到既困惑又失落。她开始反思是不是自己说错了什么，或者他的兴趣已经不在自己身上了。显然，陈玲的恋爱脑开始启动，每次消息回复的延迟都被解读为不被爱或被忽视的证据。

在恋爱初期，我们的大脑释放出大量的多巴胺和催产素，这些化学物质让我们强烈地想与对方产生连接。因此，当这种化学驱动的期望突然不被满足时，如对方的消息回复突然减少，我们的大脑会感到强烈的焦虑和不安，而陈玲的表现正好符合这一点。

不过，陈玲还算比较理智，她决定与马凯进行一次开放的对话，找到让她焦虑的真正原因。在一天晚上，她小心翼翼地表达了自己的感受："马凯，我发现到最近你回我的消息变慢了，这让我感觉有点不安，我们之间是不是有什么问题？"

马凯听后，先是有些惊讶，然后诚恳地解释道："真的很抱歉让你有那种感觉，最近项目有点忙，我没有意识到这会让你担心。实在抱歉，我以后看到消息会尽量及时回复的。"

这次对话让陈玲安心了，她意识到并不是所有的沟通中断都隐藏着问题，可能有时仅仅是因为日常生活的干扰。在往后的日子里，马凯都尽量及时回复了陈玲的信息，这让陈玲的内心感到踏实。

在恋爱中，沟通如同一场甜蜜的接力赛，信息的来回传递维系着情感的联结。任何一个投入的个体，无论是男性还是女性，都希望对方能够及时回复自己的消息。但事实是，并非你发出的每个消息，对方都会及时回应，其实并不用为此感到焦虑。

面对延迟的消息回复，不要过度猜疑，
调整期望、开放沟通，避免给自己徒增焦虑的情绪。

　　除了忙碌，还有很多种原因造成这种情况发生。比如，有时候人们会在检查消息时正处于行走或其他活动中，他们可能当时看到消息但随后便忘记回复；再比如，如果你们的对话涉及需要深思或较难处理的话题时，对方可能需要更多时间来思考如何回答，甚至是对方可能因为不知道如何恰当回复而延迟回复你的信息。

　　当然，还有一些原因是需要警惕的。比如对方可能就是故意通过晚回复信息来制造一些神秘感，试图控制你的情绪；或是对方在恋爱关系中有某种紧张或不安情绪时，也可能故意或无意地降低消息的回复频率；当然，如果对方情绪不好，或是对这段关系失去了感觉，也可能会减少回复信息的次数。

但无论是什么原因，你都不应该过度猜疑，一味听信恋爱脑给你编造的那些故事只会给自己徒增焦虑的情绪，你可以先试试这几个策略：

（1）调整期望

在恋爱中，尤其是刚开始时，我们需要理解并接受彼此的沟通风格可能不同。调整期望，找到你们的沟通节奏，这可以减少不必要的焦虑。

（2）开放沟通

直接而开放的沟通是解决不确定性的最佳方法。通过表达我们的感受和需求，同时听一听对方的想法，我们可以清楚地了解双方的态度和立场，进而消除误会。

（3）自我反思

在觉察到自己的焦虑后，先进行自我反思。问问自己，这种反应是否合理？是不是自己的恋爱脑正在放大问题的实际情况？

通过这些策略，我们可以在恋爱中最大限度地保持理智，不让恋情充满焦虑和猜疑，不让恋爱脑的冲动影响我们对情感的判断。

虚拟碰撞现实：
社交媒体对恋爱的影响

在数字时代，社交媒体已成为恋爱关系中不可或缺的一部分，恋爱中的人经常会在社交平台上发布一些甜蜜的合影，或是记录情侣日常生活的短视频。

是的，谁不愿意把那些美好的瞬间记录下来呢？特别是对于恋爱脑来说，不仅热衷于记录和对方的点点滴滴，而且还特别热衷于在社交媒体上呈现一集又一集浪漫的爱情故事。但事实上，

社交媒体已成为恋爱关系中不可或缺的一部分，
但也别只为了虚荣心，
让虚拟故事脱离我们真实的情感生活。

这些爱情故事虽然光彩夺目，但很多时候，只是为了让别人产生欣赏和羡慕之情，以满足自身的虚荣心，故事本身实际上已经远远脱离了我们真实的情感生活。

比如小慧，她是一个离不开社交媒体的都市女孩，习惯于将自己的日常生活和恋爱点滴分享到网络上。当她和小杰开始交往时，她就在朋友圈里"晒出"他们的合照，用滤镜美化每一个共处的瞬间，每一条动态下都有许多来自朋友们祝福的评论。在外人看来，他们是完美的一对，简直就是现实版的王子与公主的故事。

然而，现实远不如手机屏幕里那么光鲜。在镜头背后，小慧和小杰的关系充满了争执和不安。小慧总是期望小杰能像她一样，随时准备在任何美好的瞬间"摆拍"。而小杰却对这种"为了社交媒体而恋爱"的方式感到厌烦，他渴望更真实、更自然的相处方式。

一次，小慧安排了海边旅游拍摄，希望能捕捉到他们一起在海边看日落时的浪漫时刻。小杰本想自由地享受与小慧的宁静时光，但不断地调整拍照姿势和不满意成果后的再次重拍让他感到疲惫不堪。当小慧不满地指责小杰的表情不够浪漫时，小杰终于爆发："我们是来享受这一刻，还是来给别人制造浪漫假象的？"

小慧听完，立刻生气地说："什么叫制造假象呀？难道我们的爱情是假象？"

给我拍照叫浪费时间？
那你找一个不浪费你时间的女朋友吧！

"不是，不是……"小杰也觉得自己的话有些不合适，"我的意思是说我们不应该把时间浪费在拍照上。"

"浪费？给我拍照叫浪费时间？"小慧听完更生气了，"那你找一个不浪费你时间的女朋友吧！"

通过小慧和小杰的争执，你是否已经发现：社交媒体的干预正在侵蚀他们的情感真实性。虽然小慧的初衷是记录和分享他们的幸福时光，但在不断追求完美呈现的过程中，她忽略了与小杰共享当下真实情感的重要性。

小慧的恋爱脑被社交媒体上的"点赞"和外界的认可所驱动，这种对外部肯定的依赖逐渐模糊了她对爱情的本质理解。而小杰的反应虽然激烈，但他的担忧也不无道理。他感受到了恋爱中因社交媒体介入而产生的压力，这种压力让他难以单纯地享受与女友的恋爱时刻。

换句话说，小杰希望的是一个不被摄像头和滤镜束缚的关系，一个可以真实地体验每一次笑容和触碰的关系。这个故事也向我们揭示了社交媒体在现代恋爱中的双重作用：

（1）美化现实

社交媒体提供的各种工具让人们可以编辑、美化和分享自己的生活瞬间，展示理想化的爱情生活，但这种美化往往忽视了真实关系中的复杂性。

（2）情感压力

不停地展示和比较可能导致情侣之间的压力增大，他们可能更多地关注如何在外界眼中呈现完美，而忽视了彼此之间真正的情感需求。

健康的恋爱关系需要在虚拟世界的展示和现实世界的体验之间找到平衡。而过度依赖社交媒体，容易导致虚拟与现实的失衡，反而降低了两人实际相处的体验和质量。

通过小慧和小杰的故事，我们深刻认识到，在社交媒体的包围下，维持一段健康的恋爱关系，远比追求虚拟世界中的完美形象来得更为重要。

在社交媒体的包围下，维持一段健康的恋爱关系，
这比追求虚拟世界中的完美形象来得更为重要。

小慧喜欢通过社交平台分享生活点滴，寻求外界的认可和赞许，这种依赖让她逐渐迷失在数字赞美的海洋中。而小杰则更看重两人在现实中的互动和真实的情感，他认为，恋爱的本质在于真诚地相待和日常共同的情感体验。这种对立最终让他们意识到，只有摆脱虚拟世界的干扰，坦诚面对彼此的需求和不足，才能够抵达情感关系的深层次稳定状态。在这个闪耀而复杂的虚拟与现实交织的时代，真诚与坦率或许是维护和深化恋爱关系的最佳策略。

面对现实吧！
他真的没有那么爱你

小雪和郑浩是大学时期的好友，毕业后两人的关系渐生暧昧，逐渐发展成恋人。小雪一直默默喜欢着郑浩，她常常以为只要自己付出足够多，郑浩终会像自己一样全心投入。

小雪为郑浩做了很多事：每当郑浩加班晚归，她会送上暖心的晚餐；每逢郑浩生日，她都会精心策划惊喜；在郑浩生病时，她都会守在床前，照顾他的饮食起居。然而，郑浩对这些关心似乎视而不见，对小雪的回应也总是敷衍了事，甚至有时候会忽略她的感受。

"如果他真的喜欢你，你永远不用猜。"

一天，小雪在电影院等郑浩时，无意间听到旁边两个女生聊天，谈论她们的恋爱观念。其中一个女生说："如果他真的喜欢你，你永远不用猜。"这句话像一记重锤击中了小雪的心，她开始反思自己和郑浩的关系。

回家的路上，小雪终于鼓起勇气，向郑浩提出了关于他们关系的疑问："郑浩，我觉得在咱俩的关系上，我比你更投入，这让我感到很疲惫。你对我们的关系是怎么看的呢？"

郑浩沉默了一会，然后苦笑着说："我知道你对我很好，你是我的女朋友，我当然也是认真地对待这份感情的，但是可能达不到你想要的那种投入吧。"

其实，归根结底，郑浩是无法给出小雪所期待的那种情感投入的，这才导致这种看似不对等的关系。

的确，在恋爱的世界里，有一种苦涩的现实来得极其刺骨，那就是爱情关系中的不对等。我们的恋爱脑往往乐观到自欺欺人，幻想着只要付出得足够多，就能换来对方同等的感情回应。

恋爱脑往往乐观到自欺欺人，幻想着只要付出得足够多，
就能换来对方同等的感情回应。
但不对等的爱，是无法通过单方面的努力来达到平衡的。

然而，现实往往不是这样。就像小雪对郑浩一样，不对等的爱是无法通过单方面的努力来达到平衡的。无论小雪有多努力，她也无法改变郑浩的态度。一般来说，造成这种情感不对等的常见原因有：

（1）情感认知的差异

在一段关系中，两个人对彼此的情感需求可能并不相同。比如郑浩，可能并没有对爱情有更深层的渴望，他觉得现有的互动就足以维持这段感情。

（2）情感基础不牢固

如果关系中的一方并没有把对方视为可以携手一生的伴侣，或是并没有那么深爱对方，只是为了填补单身的空虚，也会在关系的付出上缺乏动力，甚至可能只是敷衍。

（3）目标不同步

想象一下，一方在规划未来的婚礼和退休后的养老金，而另一方还在想晚饭吃什么。这就像是一方试图播放爱情交响乐，而另一方还停留在暖场音乐里未进入下一阶段。这种目标的不同步也会导致关系的不对等。

（4）情感表达方式不同

有时候，不是不爱，而是表达方式大相径庭。一个人的浪漫可能是每天的"早安"和"晚安"，而另一个人的浪漫可能是每年几次的惊喜旅行。

（5）热情燃烧速度不一致

有些人像是热情的火箭，一点火就蹿上天；而有些人则像是慢热的老式煤炉，需要好一阵子才能温热起来。当一个火箭和一个煤炉试图携手并行时，结果可想而知。

一段不对等的恋爱关系，就像是一方参加了一场马拉松，而另一方连热身都懒得做。当你发现这段关系的平衡板已经严重倾斜时，你需要停下来思考一下：他/她是不是真的没有那么爱你？是否还有其他原因？

在一场未来并不明晰，现阶段也充满猜疑和焦虑的不对等关系中，越是全情投入的一方，越有可能受到严重的伤害，而另一方则可能毫发无伤。

操纵之爱：
识别恋爱中的 PUA

PUA（Pick-up Artist），原意为"搭讪艺术家"，现在多指在一段关系中一方通过言语打压、行为否定、精神打压的方式对另一方进行情感控制，已经成为一个引发广泛担忧的社会现象。PUA的技巧并非简单的恋爱建议，而是一套精心编织的心理操纵策略。PUA的手法是利用情绪游戏和心理技巧，让人在不知不觉中陷入一种被动的、被操控的情感状态。

具体来说，PUA高手们会运用一系列精心设计的言语和行为技巧，目的是在情感层面上制造吸引力。这种方法通常剥削了情感的真实性，将原本应当纯真而美好的浪漫追求，转变成了一场精心策划的心理游戏。遗憾的是，许多年轻女性，比如何敏，都成了这些技巧的受害者。她们常常在不知不觉中，被这种看似迷人却充满操控的浪漫所迷惑。

何敏正在一所大学学习文学，机缘巧合，在一场读书活动中，她认识了一位小有名气的作家赵坚，而这恰恰是噩梦的开始。

赵坚展现出的博学和才华深深吸引了何敏，他会详细询问她的读书喜好，每当她提及自己喜爱的作家时，赵坚总能巧妙地引入一些深刻的见解，这让何敏觉得他们俩心灵契合。

不仅如此，赵坚经常与何敏一同逛书店，还会给她带一杯她最爱的摩卡咖啡，陪她一起读书、聊天。两个人迅速进入了一种火热的、无法分开的恋爱状态。何敏感到非常满足，甚至幻想和赵坚共度余生。

"你最爱的摩卡咖啡，今天我陪你一起喝吧！"

然而，这种完美的交往状态并没有持续太久。随着两人关系的深入，赵坚的态度开始出现转变。某个周末，他突然取消了和何敏的约会，理由是临时有紧急的写作任务需要处理。何敏虽然失望，但还是表示理解。但令她困惑的是，随后几天内，赵坚的信息回复变得极其敷衍，与他之前热情洋溢的性格截然不同。

某天晚上，何敏在朋友圈看到赵坚和其他朋友在一个酒馆里喝酒的照片，显然他并没有像他所说的那样忙碌于工作。这让何敏感到被欺骗，心中涌起了一阵失落感。她试图和赵坚沟通这件事，但赵坚却有些生气地说："你误会了，那天确实是临时有人邀请，我只是去了一小会儿。如果你再这样误会，我会觉得你很敏感，并且有点无理取闹！"

"好的，好的，我错了，对不起，是我误会了。"何敏赶紧道歉，并深深地自责起来，"我可能有点敏感，但我下次不会再这样了。"

几天后，赵坚突然又变得异常热情，送给何敏一本签名的新书，并邀请她一起参加新书的签售活动。何敏心中的幸福感又被点燃起来，她甚至感激赵坚能给她这样一个重要的机会。

而过了一些日子，赵坚又忽然间变得异常冷漠，对何敏的态度又好像是爱搭不理似的。这让何敏不禁开始思考，是不是自己哪点又做错了。

何敏的心情随着赵坚忽冷忽热的表现而起伏不定，但每当赵坚重新展示出关心和热情时，她的恋爱脑就会抹去之前的不愉快，让她再次沉浸在这段关系中。

后来，在一次朋友的聚会中，何敏听到有人讨论PUA和情感操控的话题，她突然意识到自己似乎也处于类似的境况。这种认识让她深感不安，她开始回想赵坚所有的举动，从他的甜言蜜语到突然的冷漠，每一个细节都似乎在用心理战术绑架她的情感。

正如何敏所经历的那样，PUA的受害人常常在不知不觉中沦为情感操纵的对象。他们可能会感到自己被爱着，而实际上却只是被操纵和利用。随着时间的推移，这种持续的操控行为会对受害者造成长期的心理影响。

PUA 的受害人都是在不知不觉中沦为情感操纵的对象的，
她们可能会感到自己被爱着，
而实际上却只是被操纵和利用。

　　首先，被 PUA 的对象的自尊心可能会被逐渐侵蚀，因为 PUA 的策略常常使他们质疑自己的价值和吸引力。当受害者发现他们的情感被玩弄时，这种认识会加深他们的自我怀疑，认为自己不足以被真正地爱和尊重。

　　此外，长期的情感操控可能导致受害者在将来的亲密关系中感到不安和多疑。他们可能会对伴侣的意图和忠诚持怀疑态度，因为过往的经历让他们难以再轻易信任他人，恐惧再次受到伤害。这种不信任感不仅影响他们与恋人的互动，也可能波及与家人和朋友的关系，导致他们在社交环境中感到不安和焦虑。

在更极端的情况下，长期受到 PUA 操控的个体可能会出现心理健康问题，如何敏所经历的这种焦虑。他们可能会感到持续的悲伤和无助，因为他们的情感需求被反复忽视和操纵。这种情感剥削可能导致受害者对自己的判断能力失去信心，他们可能会感到无力改变现况，从而陷入深深的绝望之中。

因此，面对 PUA 这种现象，了解其策略并有效识别操控行为的表象至关重要。这不仅可以帮助个人保护自己不受伤害，也可以促进构建更健康、更基于真实情感的恋爱关系。以下是几个常见的 PUA 操控策略，如果你在恋爱中遇到了，一定要格外警惕：

（1）爱的诱饵

在关系初期，对方会倾注大量的精力和时间来"钓鱼"，一旦对方上钩，便逐渐减少给予，让对方感到不安和渴望。

（2）忽冷忽热

通过不断变化的情绪表现和关注度来控制对方的情绪、增强对方的情感依赖，使对方在情感上无法稳定下来，常常感到困惑和焦虑。

（3）情绪勒索

使用情绪威胁，如假装受伤或生气，以操控对方按照自己的意愿行事。

（4）隔离战术

尝试让对方减少其他社交活动，使其更依赖二人的恋爱关系，减少外界的影响和可能的干扰。

面对恋爱中的PUA，最重要的是要提高自我意识，学会识别那些可能影响自己身心健康的行为。恋爱脑可能会因为情感的投入而忽视这些操控信号，但通过学习和自我提升，每个人都能学会保护自己，维护一个健康和平等的恋爱关系。

泡沫幻灭：
当幻想与现实碰撞

在恋爱的浪漫初期，恋爱脑经常会将我们带入一个充满玫瑰色滤镜的世界。在这个世界里，我们往往将对方理想化，以为找到了完美无瑕的伴侣和无懈可击的爱情。然而，当现实的波浪冲刷掉那层粉色涂层时，残酷的真相可能会让我们措手不及。

接下来，让我们通过一段真实的情感故事来探寻理想化的危险性，以及它是如何破坏一段本应健康发展的关系的。

王晨是典型的文科男，喜欢写诗，也很浪漫，而且也是一个典型的恋爱脑。大学毕业后，他在生活中遇到了李思，一个温柔而文静的杂志社编辑，他立刻被她的气质深深吸引，并为李思写下了一首又一首情深义重的诗篇。

在每一次的约会中，王晨都尽力营造出电影般的浪漫场景，比如在满天星光的海边共进晚餐，在风景如画的山顶上举行惊喜的生日派对。在恋爱脑驱动下，他开始幻想与李思共度一生，共筑爱巢。一有时间，他就计划着与李思的未来，包括旅行、家庭和孩子。

在恋爱的浪漫初期，恋爱脑经常会将我们
带入一个充满玫瑰色滤镜的世界。

一开始，李思对这些浪漫的场景感到心动，但随着深入交往，她开始觉得王晨的浪漫有些过于刻意，甚至有些不切实际。尤其是当王晨在一次悠闲的午后，突然向她展示一本精心设计的未来旅行计划书时，李思感到了前所未有的压力。

王晨的计划书中详细规划了他们未来 5 年的旅行目的地，包括每一个城市的详细行程，连餐厅和菜单都预选好了。

"晨，这一切看起来都很美好，但我觉得我们需要更多地活在当下。"李思小心翼翼地表达自己的顾虑，她不想伤害这位总是为她着想的男朋友。

恋爱脑的驱使，让他误以为越是精心编织未来，
越能展示自己的深情，
但却忽略了爱情中的重要元素——自然发展和相互理解。

王晨没想到李思对他的精心规划并不买账，心中不免有些失落和困惑，着急地问："难道你不喜欢未来有计划吗？难道你不期待我们共同的未来吗？"

李思面对他有些咄咄逼人的话语，直言不讳地说："亲爱的，我们可以一起规划未来，但也需要保持足够的灵活性，充分享受当下呀，我不喜欢每天都活在梦幻里。"

听完李思的话，王晨陷入了沉默。

经过这次对话，王晨开始反思自己的行为。他最终意识到，他的恋爱脑已经让他迷失在自己构建的幻想中，而忽略了建立真实情感联结的重要性。他决定放慢脚步，与李思共同探索和建立一个更加稳固和真实的关系基石。

追求完美的爱情幻想，就像是不断在脆弱的泡沫上绘画，试图将其塑造成坚不可摧的水晶宫。

追求完美的爱情幻想，就像是不断在脆弱的泡沫上绘画，试图将其塑造成坚不可摧的水晶宫。王晨在这场恋爱中，本意是构建一个无懈可击的浪漫堡垒，却不自觉地将李思困在了一个由预设情节和过高期望构成的牢笼中。恋爱脑的驱使，让他误以为越是精心编织未来，越能展示自己的深情，而忽略了爱情中的重要元素——自然发展和相互理解。

正如尝试在沙滩上建造一座城堡，无论设计多么精巧，一场潮水过后，终究回归平静。当爱情被过度理想化，每一次哪怕再小的与理想不符的细节都会如潮水般侵蚀了那座堡垒的基础。李思感到压力，是因为被未来规划所束缚，无法在王晨编织的完美剧本中自由呼吸。

这种压力，很像是被迫穿上一件华丽但不合身的礼服，虽然外表光鲜亮丽，却步履维艰。李思的犹豫和反思，是她试图挣脱那件礼服，寻找真实自我的表现。每个人在恋爱中都应有空间展示真实的自己，而不是活在另一半的梦想或期待中。

通过王晨和李思的故事，我们可以看到，虽然恋爱脑可能会驱使我们追求完美的爱情幻想，但这种理想化可能会阻碍真实情感的发展。而且过于完美的幻想和规划，很容易让恋爱中的一方在无形之中增加不少压力。当一方无法满足另一方所编织的甜美计划时，矛盾就会产生，两个人的亲密关系就会面临挑战。

恋爱不是电影，没有永远的高潮戏份，也没有不断上演的"英雄救美"。

恋爱不是电影，没有永远的高潮戏份，也没有不断上演的"英雄救美"。它更像是一部纪录片，记录了两个真实人物在相遇、相知、相爱中的点点滴滴。我们应当珍惜这一路上的风景，而不是一味追逐那些可能并不存在的完美情节。

危险信号：
识别恋爱中的不健康迹象

在爱情的花园里，大多数花朵都是充满香气和美丽的，但偶尔也会长出一些带刺的植物。这些带刺的植物就像是恋爱关系中的危险信号，如果不及时识别并处理，可能会让人受到伤害。

接下来，让我们一起探索这些危险信号。它们的出现，意味着你需要审视一下你目前所处的关系，判断是否已经出现了不健康的迹象。

（1）过度的嫉妒和控制欲

嫉妒在一定程度上是人类情感的自然表达，但当它升级为过度控制时，就成了一大警示信号。比如小华的女友小莉总是无端地怀疑他与其他女性同事的关系。每次小华晚归，小莉都要检查他的手机，甚至要求他在社交媒体上公开他们的关系，以此来"宣示"自己的"主权"。这种控制使小华感到窒息，对关系产生了怀疑。

"你在和谁聊什么呢，
还想问你，你怎么把朋友圈的背景图换成单人照了？"

（2）秘密和欺骗

透明度是健康关系中的关键因素。如果你的伴侣经常对你保持神秘或你发现他撒谎，无论是大事还是日常小事，这都是不健康的明显标志。秘密和欺骗会侵蚀信任，而信任一旦丧失，关系就难以为继。

（3）不一致的承诺和行为

如果一个人的言行不一，总是让你困惑于他们真正的意图，这是一个明显的警示信息。李然对他的女友小美常常做出承诺，如答应共度周末或一起去旅行，但又总是临时取消。这种不一致使小美感到被欺骗，逐渐对李然失去信任。

（4）无视你的边界

健康的关系中，双方会尊重彼此的界限，无论是情感上的、时间上的还是物理上的。如果一个人经常无视你设定的界限，强迫你做你不舒服的事情，或者在你需要空间时不断侵入，这表明他们不尊重你作为一个独立个体的需要。

（5）沟通中的恶意和贬低

在一段健康的关系中，即使在争执时，双方也会尊重彼此。然而，如果对话中充满了侮辱和贬低，这便是另一个警报信号。比如张敏经常在公共场合贬低她的男友小刚，例如指责他不够聪明或工作不够好，这让小刚感到自尊受损，渐渐与张敏疏远。

在健康的关系中，即使发生争执，双方也会尊重彼此。
但如果对话中充满了侮辱和贬低，这是警报信号！

（6）责任的转移

在一段关系中，双方都应对自己的行为和产生的后果承担责任，这才是平等的关系。如果你的伴侣总是把问题归咎于你，或在发生冲突时从不自省，只是责怪你，这会创造一个负面的、有害的环境。

（7）关系进展过快

当一方试图急速推动关系深入，而不顾及另一方的感受时，这往往是试图操控和绑定对方的表现。例如，陈泽在与赵琳第二次约会后就提出搬到一起居住，这让赵琳感到非常不快。恋爱中的关系进展应当顺其自然，在双方都能接受的前提下稳步推进。

（8）情感勒索

情感勒索是操纵的一种形式，表现为通过内疚、恐吓或羞辱等方式迫使对方屈服于自己的需求。比如陈琳有时候就会对男朋友说："如果你爱我，你就会给我买最新款的手机，要不然你就是不爱我！"这就是一种典型的情感勒索。

"如果你爱我，你就会给我买最新款的手机，
要不然你就是不爱我！"

（9）忽略你的需求和愿望

在健康的关系中，双方的需求都应得到重视。如果你的伴侣

只关注自己的需要，忽略或贬低你的需求和愿望，这种自私行为会让你感到被边缘化和不被珍视。这不仅会损害你的自尊，还可能引起孤独感。重要的是要意识到，在任何关系中，你都应当感受到尊重和满足。如果感觉到被持续忽视，这是一个需要立即关注和解决的问题。

事实上，对于被爱情冲昏了头脑的年轻人来说，恋爱中的危险信号并不总是那么显眼，有时候你甚至会完全忽视它们。

不过，一旦你学会识别它们，就能更好地保护自己，避免陷入可能伤害你的关系。恋爱脑虽然让我们渴望爱和被爱，但在这些危险的信号面前，我们仍需保持警觉，理性地评估我们所处的情感环境。这不仅是对自己的保护，也是对未来幸福关系的负责。

爱的依赖：
你是否患上了爱的依赖症

说到情感依赖，这是一种深刻而复杂的情感状态，它使人在关系中感到辛酸且难以自拔。在恋爱的世界里，尤其是当恋爱脑过度活跃时，我们很容易将"需要"与"爱"混淆，从而陷入一种被称为爱的依赖症的不健康关系模式中。

情感依赖，是一种深刻而复杂的情感状态，它使人在关系中感到辛酸且难以自拔。

所谓的"需要"，其实就是一种深植于我们的不安全感和对完整感的追求。当这种感觉占据上风时，我们往往会觉得没有伴侣的陪伴和支持，自己就无法独立生活，或感觉自己不够完整。这种心理状态会驱使我们不断寻求伴侣的肯定和安慰，试图以此来填补内心的空洞和不确定感。

比如说，那些情感依赖比较严重的人，可能会不停地要求伴侣给予更多的关注和陪伴，几乎不能忍受没有对方的独处时间。这种情况下，个人的幸福感似乎完全依赖于对方，这不仅会给双方的关系带来压力，还可能阻碍个人的成长和独立性。理解这一点，有助于我们建立更健康、更平衡的人际关系。

真正的爱应该是赋能的，它鼓励双方保持各自的独立性，
同时在精神上支持对方成长和发展。

在健康的关系中，爱应当是建立在相互尊重、信任和理解之上的。爱是一个自由的选择，不是一种必需的依赖。真正的爱应该是赋能的，它鼓励双方保持各自的独立性，同时在精神上支持对方成长和发展。爱是一种双向的、平衡的交流，它涵盖了给予和接受，但不会使任何一方感到压迫或失去自我。

在实际生活中，恋爱脑有时会误将这种强烈的"需要"误认为是"爱"。这种误解可能源于早期的依附模式或以往的情感经历，导致个体在成年后的恋爱关系中重复这种依赖行为。

早期的依附模式或以往的情感经历，
可能会导致个体在成年后的恋爱关系中重复这种依赖行为。

例如，如果一个人在儿童时期经历了父母的忽视或过度保护，他们可能会在成年的恋爱关系中表现出过度的依赖或控制行为，以此来保证情感的稳定性和连续性。

在喧嚣繁忙的城市中，小莉和岳明是一对看似恩爱的年轻情侣。小莉是一位幼儿园老师，心思细腻而敏感，岳明则是一名热情的销售顾问，他总是生机勃勃。两个人看上去非常互补，他们也很恩爱，在朋友们的心目中，两个人可谓是"神仙眷侣"。

小莉从小就经历了父母的分离，这段经历让她在情感上极度渴望稳定和安全。遇到岳明之后，她以为自己找到了那个能带给她永久安全感的人。然而，随着时间的推移，小莉的恋爱脑逐渐将这种对安全感的需求，转化为对岳明的强烈依赖。

一天晚上，小莉在准备晚餐时，岳明忽然发来消息说他今晚有个应酬，不能按时回家。小莉的第一反应是焦虑和不安，她的心中立即涌现出一系列负面想法：他是不是跟其他女生去约会了？他是不是对我撒谎了？

小莉无法控制自己的情绪，开始频繁地给岳明发消息，询问他的具体位置和应酬的对象，这让岳明非常生气，看到了消息也没有回复。岳明回家时已经是深夜，他发现小莉坐在黑暗的客厅里，眼里含着泪水。

岳明坐下，温柔地问："莉莉，你怎么了？为什么这么难过？我只不过和客户吃了个饭。"

小莉抽泣着说："我就是害怕失去你，每当你不在我身边，我的世界就会崩溃。"

岳明轻轻地握住她的手："莉莉，我爱你，但你的不安让我们都很痛苦。我希望你能理解，我需要工作，我不能保证每时每刻都在你的身边，但这并不意味着我不在乎你。"

小莉听完并没有情绪好转，反而大声哭诉："你就是不在乎我！你连我的消息都不回，你是不是骗我？你是不是和别的女孩约会去了？"

"你连我的消息都不回，是不是和别的女孩约会去了？"
"你这么不信任我，为什么还要和我交往？"

岳明听完之后也很生气："你这么不信任我，为什么还要和我交往？"

小莉听完冲着岳明大吼道："我就知道你要抛弃我！你看错你了，你走开我不想再见到你！"

随后是一番争吵。在这次事件中，小莉带给岳明的，是一种让人窒息的压力。对于岳明来说，小莉对他的情感依赖，可能既有一定的幸福感，但同时也是一种让人难以承受的沉重负担。

表面上看，情感依赖是一种似乎需要对方不断证明爱意的行为，但实际上是一种情感需要或控制，且已经远离了爱的真正含义。

这种情感上的需要或控制不仅消耗着依赖者的情感能量，同时也对被依赖者造成极大的压力。在小莉和岳明的故事中，我们看到了情感依赖如何逐步地侵蚀了这段关系，使二人从甜蜜的开始逐渐走向了充满着争执和误解的痛苦之中。

当一个人像小莉那样，过度依赖伴侣时，任何小的变化或正常的社交活动都可能被误解为背叛或不忠。这种不信任感会促使依赖者进行更多的控制行为，如频繁检查对方的手机、社交账户，甚至限制对方的社交自由。这种行为不仅侵犯了恋人的个人隐私，更是对其自由的束缚，也会逐渐消磨彼此爱情的基石。

情感依赖会削弱一个人的自我价值。
依赖者往往将幸福建立在恋人身上，
而忽视了个人成长和维护自我价值的重要性。

　　另外，在极端情感依赖的情况下，双方的对话也很难保持开放性和建设性。依赖者的情绪波动和需求会不断影响对话的质量，使得每次交流都可能演变成争吵。像小莉那样的情绪爆发，常使岳明感到被误解和不被支持，这种情况下，有效的沟通几乎不可能实现，问题也难以得到解决。

　　最后，情感依赖也会削弱一个人的自我价值。依赖者往往将幸福建立在恋人身上，而忽视了个人成长和维护自我价值的重要性。这种失衡的依赖关系限制了个体发展独立性和解决问题的能力，长期下去，可能导致自我价值感的丧失，甚至是情感上的极端行为。

❸ 战胜恋爱脑，学会自我保护

　　在这一部分，我们将一起强化你的情绪智力，教你在爱情中保持独立和自尊，并详细与你探讨从设立界限到维护个人价值的各种方法，帮你构建健康正确的恋爱关系。无论是通过正念减少幻想、学习接受彼此的不完美，还是在必要时刻敢于放手，我都将站在你的角度，让你在情感的旅程中占据主动，收获到你想收获的幸福。

情绪的健身房：
塑造你的情绪智力

提升情绪智力对于告别恋爱脑至关重要，
这可以帮助你以更成熟理智的态度去
处理恋爱中的每一次心动和失望。

你的情绪是一支需要训练的队伍，而你的大脑就是那位严格的教练。在恋爱这场马拉松中，情绪的健身房成了关键的训练场所。这里不只是为了锻炼肌肉，更是为了增强你的情绪智力，让你在情感的高低起伏中始终保持情绪的稳定。

情绪智力，或者说情商，关乎一个人如何灵活地处理自己和他人的情绪。想象一下，在恋爱的世界里，如果你能准确感知并理解自己的情绪，同时也能捕捉到恋人的情绪波动，那么处理双方的情感问题就会游刃有余。有了高情商，你可以更有效地表达自己的感受和需要，更重要的是，你能敏感地注意到恋人的情绪变化，并及时给出恰当的回应。这样的能力，无疑会让任何一段关系更加和谐，增加彼此间的理解和支持。

提升情绪智力对于告别恋爱脑具有至关重要的意义。恋爱脑常常让我们的情感反应过于直观，忽视了理性的分析和判断。在情绪智力的指导下，我们能够从一个更成熟、更平衡的视角去理解和处理恋爱中的每一次心动和失望。这意味着，即使在情感的风暴中，我们也能够保持清醒的头脑，不被恋爱脑所左右。

小雅是一位热爱阅读和独立思考的年轻女士，她在一次书友会上遇见了小泽，一个充满魅力和智慧的男士。初识时，两人因共同的兴趣和思想火花碰撞，互相迅速产生了好感。然而，随着交往的深入，小雅发现小泽时常因为工作繁忙而忽略她，这让她感到被冷落和不安。

在恋爱脑的驱动下，小雅的第一反应是情绪化地向小泽表达不满和失望，甚至质疑他的关心和爱意。但在参加了一系列关于情绪智力提升的训练营后，小雅学会了用不同的方式来处理这种情绪。她开始尝试自我反省，分析自己不安的来源，并尝试从小泽的角度思考问题。

情绪智力是恋爱中不可或缺的内在导师，
它教会我们在冲突出现时保持冷静，
合理地表达不满而不是恶语伤害。

有一次，当小泽再次因为紧急的工作会议取消了他们的周末计划时，小雅感到非常失落。然而，这一次，她没有立刻表达自己的不满。相反，她先给自己一些时间平复情绪。她去上了一节瑜伽课，冥想了一段时间，然后静下心来思考为什么这种取消会让她感到如此不安。

晚些时候，她和小泽进行了一次深入的对话。她冷静地表达了自己的感受，并询问小泽是否能找到平衡工作和个人生活的方法。小泽听了小雅的想法后，意识到他需要更加关注他们的关系。他感激小雅没有情绪化地对待这件事，而是选择了以一个成熟的方式来解决问题。

通过这次经历，小雅和小泽都学到了如何在关系中运用情绪智力促进彼此间的理解和支持。小雅的情绪智力训练帮助她认识到，真正的沟通不仅仅是分享快乐，更重要的是在挑战面前能共同成长和找到解决方案。这种成熟的情感处理方式，让他们的关系更加坚固和成熟。

的确如此，通过提升情绪智力，我们可以做到在冲突出现时保持冷静，合理地表达不满而不是恶语伤害，在伴侣需要时提供支持而不是批评。这能让我们有效地减少误解和矛盾，建立更健康、更持久的亲密关系。

例如，当你因为伴侣忘记了重要约会而感到愤怒时，情绪智力能帮助你认识到背后的情感需求——可能是对被重视和尊重的渴望。有了这样的认识，你可以选择一种更有建设性的方式来表达你的不满，而不是一味责怪或发脾气。这不仅有助于解决当前的问题，更能增进彼此的理解和信任，避免类似问题的再次发生。

理解和尊重另一半，你们的关系才不会
被情绪和恋爱脑所摆布，
才能真正地抵达彼此内心的真实世界。

总之，情绪智力是我们在恋爱中不可或缺的内在导师。它不仅教会我们如何管理自己的情绪，更重要的是，它教会我们如何理解和尊重爱情中的另一半。有了这样的技能，我们的关系才不会被情绪和恋爱脑所摆布，才能真正地抵达彼此内心的真实世界。

幸福的定义：
找到自己的快乐源泉

恋爱之所以让很多人充满期待，其中一个重要原因，就是恋爱给人带来的幸福感。可是，对于幸福，你真的有清楚的认知吗？什么是真正的幸福呢？

幸福是一种内在的感受，而不是一个可以由外界来定义的目标。就像一杯独特的饮料，每个人的配方都不同。对某些人来说，幸福可能是一杯清新的柠檬水，对另外一些人来说，它可能是一杯浓郁的黑咖啡。

在恋爱中，我们有时会被恋爱脑主导，错误地认为只有得到伴侣的认可和赞美才能获得快乐。这感觉就像你总是期望别人为我们调制完美的饮品，却忘记了每个人的口味不同，也忘记了自己的喜好。

恋爱脑往往让我们忽视了自身的需求，而只寄希望满足对方所有的情感和心理需求以获取幸福。然而，真正持久的幸福源于自我认知和自我定义。正如自己调制的饮料才更加符合自己的口味，自己定义的快乐才更符合自己的心意。

真正持久的幸福源于自我认知和自我定义。
自己调制的饮料才更加符合自己的口味，自己定义的快乐才更符合自己的心意。

张薇和李强是一对已经交往 4 年的情侣。张薇是一位艺术画家，热爱绘画，喜欢参加各类画展；李强则是一名程序员，业余时间喜欢攀岩和远足。尽管他们的兴趣颇有不同，但他们尊重对方的职业和爱好。

张薇每逢周末都会花时间在她的画室里，创作新的艺术作品，而李强则计划着与朋友们的户外活动。他们各自追求自己的兴趣爱好，在热爱的领域释放青春与激情，而这也恰恰让他们的关系更为牢固，各自的生活也充实和满足。

在独立管理情绪的方面，周慧在过去的恋爱关系中意识到自己过度依赖恋人来获得情绪安慰，这种依赖性影响了她的个人成长。在与新男友王俊开始交往时，她决定做出改变。

周慧开始积极参与瑜伽和冥想课程，这些活动帮助她学会了如何独立处理自己的情绪。这种自我提升不仅使她在情绪上更为独立，也让她的恋爱更加健康，因为她不再完全依赖王俊来应对和平衡自己的情绪起伏。

沟通在任何关系中都扮演着至关重要的角色。刘洋和赵蕾是一对恋爱中的年轻人。在经历了一系列因误解而起的争执后，他们意识到必须改进沟通方式。他们开始更加明确和直接地表达各自的需求和期望。

要持续在个人层面上成长和精进，
这样才能让你保持独立性和吸引力，
同时也能激励恋人在自己的领域里寻求成长。

刘洋表达了他需要一些个人时间来完成他的音乐项目，而赵蕾则需要更多的情感支持和陪伴。通过坦诚的交流，他们不仅解决了许多误解，也学会了如何更好地支持对方，进而增强了彼此的幸福感。

这些例子都呈现了同一个道理，虽然恋人在我们生活中扮演着重要角色，但真正的幸福感和满足感应来源于我们自己，应向内求而不向外索取，要学会自己管理好自己的个人生活和情绪。当你学会不让别人（包括你的恋人）来定义你的快乐时，你会发现你可以在任何情况下都保持内心的平衡和幸福。这不仅可以让你在恋爱关系中站在更坚实的地位上，也能促进你的个人成长，让你的幸福感更加持久和深刻。

在恋爱中，我们应该如何守住自己对幸福的定义呢？以下几点需要重点关注：

（1）认识并接受不完美

理解并接受你或你的恋人都不可能完美无缺。这涉及期望管理，应避免对恋人或恋爱关系抱有不切实际的幻想。例如，可以认真思考自己对"理想关系"的期望，并将其与现实生活中的体验进行对比，适时适度调整，以更加务实和宽容的心态来维护恋爱关系。

（2）抱有感恩之心

在恋爱关系中可以培育一种感恩的心态，感谢恋人的存在和他们所做的一切。可以每天找时间适度表达对恋人的感激之情，这可以增强你们之间的情感连接和对关系的满足感。例如，每天晚上，回顾并分享这一天中恋人让你心生感激或开心的事情。

在恋爱关系中可以培育一种感恩的心态，
感谢恋人的存在和他们所做的一切。

（3）提升解决冲突的能力

在关系中学习如何平静和建设性地解决冲突，非常重要。这不仅包括沟通技巧，也包括了解何时应该妥协，何时应该坚持自己的立场。这需要策略和智慧，比如可以在双方都冷静的时刻来讨论问题，而不是在情绪激动时进一步激化冲突。

（4）保持自我更新

要持续在个人层面上成长和精进。这意味着不断学习新技能、探索新爱好或进行自我提升。这样做可以帮助你保持独立性和吸引力，同时也能激励恋人在自己的领域里寻求成长。

（5）定期进行关系评估

定期和恋人一起检视并评估你们的关系状态。可以通过定期的"关系检查",如每月一次的对话来讨论各自在关系中的感受、需求、情绪变化以及促进亲密关系健康发展的小建议。

定期和恋人一起检视并评估你们的关系状态，
讨论各自在关系中的感受、
需求，以及促进亲密关系健康发展的小建议。

这些策略不仅可以帮助我们在恋爱关系中持续收获幸福感，还能增强关系的稳定和持久性。通过这些练习，你可以更好地守住自己对幸福和快乐的定义，维护并经营好一段更加健康、充满幸福的恋爱关系。

界限设定：
把握健康关系的分寸感

设想你的心灵花园里种着五颜六色的花朵，每一朵都独特，都需要适当的空间才能盛开。在恋爱中设置界限，就像是你精心为每株花配备的小围栏，它们不仅可以保护每一朵花不被踩坏，还能确保每株花都能在不干涉彼此的情况下绽放出最美的姿态。

界限不是隔阂，而是维护个人空间的防线，让恋爱不至于变成情感纠缠的角斗场。这些界限，就像是智慧的园丁精心调整的每个围栏的位置，确保每株植物都有成长的空间。设立恰当的界限，就像是在适当的位置安装一扇小门，既保护了花朵，又允许阳光和雨水适时进入。

也就是说，界限的艺术不在于建立一堵不透风的墙，而在于创造一个既能保护自己也能让关系健康成长的环境。例如，你可以告诉伴侣："我需要一个人的时间来阅读和充电，这让我感觉更好，也能更好地与你相处。"这样的表达不是拒人于千里之外，而是让对方明白你的需要，同时也体现了你对关系的珍视。

幽默地说，设定界限就像是教狗狗坐下，你需要有足够的耐心，偶尔也需要点零食作为奖励。在恋爱中，这些"零食"可能是彼此的理解和尊重，这不仅可以让"训练"有效也充满乐趣。

设定界限就像是教狗狗坐下，你需要有足够的耐心，
偶尔也需要点零食作为奖励。
在恋爱中，这些"零食"可能是彼此的理解和尊重。

让我们以林晓和陈飞的故事来探讨设立界限在亲密关系中的重要性。

林晓是一个自由职业者，工作时需要较长的独处时间来创作，而她的男友陈飞则是一名活动策划师，他的生活充满了各种聚会和活动。两人刚开始交往时，林晓常常陪陈飞参加各种社交活动，因为她想支持他的工作，也希望能在恋爱中共度更多时间。

但是，随着交往的深入，林晓发现自己的工作和个人时间受到了严重影响。每次参与完各种社交活动后，她都感到筋疲力尽，难以在第二天集中精力工作。她开始意识到，如果继续这样无界限地投入时间融入对方的事业，不仅自己的工作会受影响，连内心的平静也会被打破。

于是，林晓决定与陈飞开诚布公地进行一次谈话。在一天晚上散步时，林晓向陈飞表达了自己的担忧。

"亲爱的，我知道参加这些活动对你来说很重要，我也很想支持你。"林晓说，"但我发现我也需要时间来处理自己的工作和个人事务。我们能找到一个平衡点吗？比如我一周只陪你参加一到两次活动，这样其他时间我就可以专注于我自己的工作。"

陈飞听后，沉默了一会儿，然后笑着回答："我真的没意识到你因此感到这么大的压力，我很高兴你能告诉我这些感受。我们当然可以一起寻找一个平衡点，我不想你因为我而感到不开心。"

从那以后，林晓和陈飞一起制订了"界限计划"，规划了一起参加活动的频率和林晓的独处时间。这个小小的界限不仅让林晓找回了原本的工作节奏和专属于个人的独处时间，也让她有更多的精力去享受和陈飞在一起的时光。

为了感谢恋人的理解和支持，林晓特意在陈飞生日的那天，送给他一条他心仪已久的皮带，含情脉脉地说："陈飞，感谢你对我的理解和包容，我觉得我们现在的关系更融洽了。"

恋爱中的界限不是隔离，
而是两人共同努力创造一个既能满足个人
成长又能维持关系健康的空间。

  这个故事告诉我们，恋爱中的界限不是隔离，而是两人共同努力创造一个既能满足个人成长又能维持关系健康的空间。通过建立明确的界限，林晓和陈飞不仅保护了彼此的个人空间，还增进了相互之间的尊重和理解，让他们的关系更加牢固和甜蜜。

  在恋爱关系中设置界限，需要我们清晰地了解自己的需求和舒适区，在尊重自己的同时，也尊重伴侣。界限可以是时间的安排，也可以是情感上的空间，甚至是个人的隐私。哪些策略可以帮助我们更好地设立界限呢？以下几点可以参考：

（1）明确表达自己的需要

在情感关系中，我们需要清楚地表达自己的需要和对恋人的期望。这不是自私，而是帮助对方更好地了解你，避免引发误解和冲突。

（2）保持开放的沟通

界限的设定并非一成不变，它应根据关系的发展状态适时调整。持续的沟通可以帮助双方了解和适应彼此的界限。

（3）不过分打探对方的隐私

每个人都有自己的隐私，即使是亲密无间的情侣，也应该懂得不过分打探对方的隐私，例如过往的恋情等。

（4）尊重对方的界限

在你为自己设置界限的同时，也要学会尊重对方的界限。理解并接受这些界限，是相互尊重和信任的体现。

总之，学会设立并遵守界限是恋爱关系中的必修课，同时也是高情商的表现，它是我们在保持个体自由的同时，共同编织一段和谐美好亲密关系旋律的重要一环。这不仅是对自己的尊重，更是对恋人爱意的表达。在爱的旅途中，让我们不忘为心灵腾出一片属于自己的净土。

自尊与自爱：
恋爱中的价值坚守

在恋爱的甜蜜阶段，保持自尊和自爱确实像是在独木桥上行走，一不小心就可能陷入"全心全意迎合对方"的陷阱中。这种陷阱很诱人，因为在恋爱脑的驱使下，我们总是想让对方快乐，希望用自己的让步和牺牲赢得更多的爱和认可。

但这往往是一道滑坡，你越是试图迎合，就越容易丢失自我，忘记自己的需要和价值。这种过度的迎合不仅可能导致内心的不满和疏远感，还可能让你的恋人对你失去尊重。一个人如果自己都不尊重自己，那也很难获得别人的尊重。

而且，当你不断地放弃自己的兴趣、爱好甚至自我，以适应另一半的期望时，你不仅会失去自己的色彩和独特性，也可能慢慢对恋人和关系产生不满甚至怨恨。吴桐的经历，恰好说明了这一点。

吴桐是大众眼中典型的"好男友"，总是努力迎合女朋友小艾的喜好。今天，他又一次取消了和朋友事先约好的篮球赛，只为陪小艾一起去选购她喜欢的家居装饰。

过度的迎合不仅可能导致内心的不满和疏远感，
还可能让你的恋人对你失去尊重。

"吴桐，你真是太贴心了！你总是能让我感觉特别。"小艾握着吴桐的手，眼中闪烁着喜悦。

"只要你开心，我什么都愿意做。"吴桐微笑回应，尽管心里有那么一点点失落，毕竟他原本很期待今天的篮球赛。

随着时间的推移，这类场景变得越来越常见。吴桐逐渐放弃了自己的爱好，如篮球和摄影，甚至开始尝试小艾喜欢的瑜伽和素食餐厅，尽管他对此并不感兴趣。他的世界越来越围绕着小艾转动，而他自己的兴趣和朋友则被一一搁置。

一天晚上，吴桐和小艾一起吃晚餐时，他试图提出一起去看一场篮球赛。

"篮球赛？你知道我最不喜欢那些出汗的运动了，一点都不高雅。"小艾皱着眉头，语气中带着不悦，"我们为什么不去看芭蕾舞呢？你知道我一直想看的。"

吴桐无力地点头同意，内心的失望如潮水般涌来："当然，芭蕾舞也很好。"

在爱情中，自尊和自爱是不可或缺的一部分。
总是迎合对方，只会让关系变得不对等。

几个月后，吴桐的失望逐渐转变为怨恨。他发现自己在关系中几乎没有发言权，而小艾似乎也不再像以前那样珍惜他的陪伴，更多的是有点近乎命令式的语气，让吴桐去配合她做一些事情。

有一次，吴桐鼓起勇气，试着改变现状："小艾，就像你喜欢艺术一样，我也需要做自己喜欢的事情，有自己的空间。"而小艾只是冷冷地回了一句："哦，是吗？那你去做吧，我从来也没有限制过你。"

这次对话并没有改变什么，小艾无法理解吴桐的需求，而吴桐的不满也越积越深。两人陷入了一种不愿交流的僵持关系中，最终，在一个深秋的黄昏，小艾决定结束这段关系。"吴桐，我需要一个能全心全意支持我、和我兴趣相投的人。"小艾的话冷冷地刺痛了吴桐的心。

看着小艾的背影消失在街角，吴桐忽然觉得这是一种前所未有的解脱。虽然心里充满痛楚，但他知道这是重新找回自己的开始。他重新联系了老朋友，报名参加了篮球联赛，慢慢地，他的生活再次充满了色彩和活力。

在爱情中，自尊和自爱是不可或缺的一部分。就像吴桐一样，当一个人为了另一个人，或是为了维系这段感情，总是做出迎合对方的行动时，关系就会变得不对等。并且，随着时间的推移，总是迎合对方的那个人，容易逐渐失去自尊，自我价值也会被贬低。

只有当你尊重并爱护自己时，
你才能真正地去爱别人，并从中得到相等的尊重和爱。

　　正如前面所说，真正健康的恋爱关系，应该是两个独立完整的个体，共同创造出一段美好的旅程，而不是一个人单方面的付出和另一个人的接受。在健康的亲密关系中，每个人都应该有足够的空间去表达自己，追求个人的兴趣、价值和自我成长，而不是总是牺牲自己来适应对方。

　　所以说，保持自尊和自爱不仅是个人成长的需要，也是维护健康恋爱关系的重要保障。只有当你尊重并爱护自己时，你才能真正地去爱别人，并从中得到相等的尊重和爱。

　　在爱的旅程中，切记不要丢掉自我，要勇敢地维护自己的界限和价值，这样才能让亲密关系更加坚固和持久。

带上理智去约会：
保持头脑清醒

在恋爱的浪漫氛围下，保持头脑理智和清醒，或许听起来有些"扫兴"，但实际上，这是一个聪明且必要的策略，就像在烈日下戴上一副太阳镜，你可以更好地看清前方的路，而不会被刺眼的光线所干扰。

在恋爱中保持头脑理智和清醒，就像在烈日下戴上太阳镜，
避免被刺眼的光线所干扰。

在恋爱中保持理智，可以让你做出更好的决定，避免被情绪化的冲动所驱使。让我们通过一个故事来更好地理解这个问题。

林凡和梓涵在一次朋友的聚会上相识。梓涵迷人的微笑和恰如其分的幽默感一下子就迷住了林凡，而林凡也展现出了自己不俗的谈吐。他们很快开始约会，彼此度过了很多美好的时光。

不过在他们交往的过程中，林凡注意到了一些令他困惑的事情。比如，梓涵常常在他们计划好约会之后又临时取消，或者在社交媒体上与其他男生保持着高频率的互动。

多听一听朋友的建议，保持理智，
或许可以让你做出更好的决定，避免被情绪化的冲动所驱使。

林凡非常喜欢梓涵，认为她就是自己的理想恋人，但他的朋友们却提醒他要小心，因为他们觉得梓涵对待感情不是特别认真。林凡陷入了两难境地，他既想继续维护这段感情，又不想忽视朋友们的忠告。

在朋友的建议下，林凡下定决心要保持理智，正视与梓涵的每一次约会。他没有立即与梓涵对峙，而是选择客观地看待这段关系。他开始注意梓涵的行为，并与她进行坦诚的对话。在一次约会时，林凡诚恳地说："梓涵，我注意到咱们最近有几次约会都被你临时取消了，是不是发生了什么事情？我想了解你的真实想法。"

梓涵显得有些犹豫，但最后承认，她其实并不太确定这段关系，因为她还对前任心存感情。林凡听后既感到失望但却又松了一口气，因为这正验证了他的直觉。他们决定先放慢关系的进展，给彼此一些时间来理清自己的想法。

通过这个故事，我们可以看到，带上理智去约会并不意味着放弃浪漫，而是让你在恋爱中始终保持清醒的心态，进而避免盲目投入一段可能不健康的关系中。

你应该牢记：保持理智在恋爱中至关重要，它不仅可以帮助你识别潜在的问题，还可以为你提供一个更健康、更快乐的恋爱体验。那么，如何做到冷静清醒呢？我给大家一些实用的策略。

带上理智去约会并不意味着放弃浪漫，
而是让你在恋爱中始终保持清醒的心态。

（1）信任但仍要验证

信任是亲密关系的基础，但在建立信任的同时，也要注意对方的行为是否与他们的言辞一致。例如，陈浩每周都计划和女友约会，但女友经常在最后一刻取消约会，理由是工作太忙。但陈浩注意到，女友的言辞与行为不一致，他决定和女友就这个问题深入沟通一次，以建立更真实的信任。

（2）留心危险信号

注意那些可能预示问题的危险信号，比如过度控制、缺乏尊重或言行不一致等。例如，万芳在约会中发现，她的男朋友经常贬低她的闺蜜。她逐渐意识到这可能是一种控制欲的表现，随后与男朋友讨论了这种行为背后的原因。

注意那些可能预示问题的危险信号，比如过度控制、
缺乏尊重或言行不一致等。

（3）倾听自己的直觉

如果你对某件事感到不安，不要忽视它。尊重并反思你的感

受，看看它们是否有道理。比如，小涛在约会中，发现自己对女友与其异性朋友之间的互动感到不安。他没有马上忽略这种感觉，而是静下心来思考自己为何会有这种反应，并及时与恋人沟通。

（4）设定并遵守界限

我们在之前已经讨论过，在关系中设定健康的界限，能为你们提供更健康的情感基石。比如，陈静发现她需要一些独处的时间来充电成长。她向男朋友提出了自己的需求，并达成了给予双方每周1天"个人时间"的约定，这样他们都可以有时间独处和放松。

通过这些策略，你可以在恋爱中始终保持清醒的心智，既享受浪漫恋情的甜蜜，又避免陷入情绪化的自我消耗中。与此同时，还能避免恋爱脑带给你的种种爱情陷阱。

正念之恋：
打破幻想，拥抱真实

我的朋友小雅是一位典型的浪漫主义恋爱脑，总是憧憬着浪漫的爱情故事。她经常幻想自己的恋爱生活就像电影情节般完美。

当她遇到小伟时，她的幻想开始漫无边际起来……

小伟英俊迷人，他们的初次约会是在一家浪漫的意大利餐厅，整个场景就像童话故事中的浪漫一幕。小雅坐在餐厅的烛光下，看着小伟的眼睛，心中不断描绘着他们幸福的未来。

"他真的是我梦寐以求的白马王子，真希望这一刻永远持续下去！"小雅在心中对自己暗暗说道。

"他真的是我梦寐以求的白马王子，
真希望这一刻永远持续下去！"

然而，在交往了几个月之后，小雅发现小伟并不符合她幻想中的完美形象。小伟有些懒散，有时甚至会忘记和小雅的约会。

有一次，小伟答应陪小雅去看她最喜欢的浪漫电影，结果他却忘了这件事，让小雅独自在电影院等了一个小时。小雅的心凉了半截，她逐渐觉得自己的梦想破灭了。

"你怎么能这样对我？"小雅失望地质问道，眼中闪着泪光。小伟尴尬地挠了挠头，解释道："对不起，我真的忘了。你知道我不擅长记事。"

还有一次，可能是由于出门约会太过匆忙，小伟竟然忘了换一件干净的 T 恤，身上穿着的 T 恤上面还有牙膏的痕迹。小雅一看到就皱起眉头抱怨起来："你怎么这么邋遢呀！和我约会你就不能重视一下吗？"

小伟被小雅说得无地自容，只好道歉说："对不起，我实在是出门的时候有点晚了，没来得及。"小雅听完更生气了："明知道要和我约会，还出门这么晚？你是不是心里就没有我啊？"

总之，在小雅和小伟之间，这种小矛盾反复地上演，小雅越来越觉得小伟没有刚认识的时候那么完美了，她开始纠结，是不是这段感情也会慢慢走向破灭。

看到小雅的情绪有些低落，我安慰她说："或许你应该试试'正念之恋'，把注意力集中在现实中，而不是总预设他是那个完美的白马王子。"

学会接受恋人当下真实的样子，
而不是总预设他是那个完美的白马王子。

小雅好奇地问："正念之恋？那是什么？"

我告诉她，正念是一种关注当下的心理状态。它能帮助我们减少对未来的幻想和对过去的执着，将注意力集中在当下的体验中。在恋爱中，正念之恋鼓励我们接受恋人当下真实的样子，而不是追求完美的幻想。

"哦？我觉得我应该试一试。"小雅点点头。

通过一段时间的正念练习，小雅学会了观察自己的想法和情绪，而不是被它们所左右。她开始注意到，小伟虽然不是在各个方面都完美，但他在很多方面都能称得上是一个好的恋人。比如，每当她需要帮助时，小伟总是第一时间出现在她身边；在她不开心时，小伟也总是设法逗她开心。逐渐地，小雅学会了接纳小伟的不完美，同时也更加欣赏他身上的闪光点。

就像小雅所经历的那样，在恋爱中，幻想与现实之间的平衡往往像一场走钢丝的表演。幻想让爱情更加浪漫，充满各种可能性，但过度的幻想可能导致我们对现实视而不见。正念之恋是一种心态，它鼓励我们减少幻想，专注于当下，正视现实。

正念之恋鼓励你关注对方的真实本质，
并学会接纳他们的不完美。

正念之恋并不意味着要放弃恋爱的浪漫，而是要在恋爱中保持理智和清醒。幻想可能会让你对恋人有过于理想化的期待，进而忽视他们的缺点。相反，正念之恋鼓励你关注对方的真实本质，并学会接纳他们的不完美。这里有 4 个建议来帮助你实现正念之恋：

（1）多观察而非立即判断

正念之恋鼓励我们观察恋人的行为和我们的反应，而不是立即做出判断。这有助于我们减少冲突，增进彼此之间的理解。

小丽和小明正在筹备他们的第一次旅行。小明对住宿的选择很随意，而小丽则喜欢提前计划好一切。最初，小丽有点沮丧，觉得小明不够上心。但后来，她决定先观察一下小明的实际安排，而不是立即给他的这种行为下定论。

多观察恋人的行为，而不是立即下定论，
这有助于减少冲突，增进彼此的感情。

通过观察，她发现小明的选择虽然随意，但可以非常好地应对旅途中出现的各种突发变化，他们的旅行也因此变得更加愉快。小丽通过观察而非判断的方式，更好地理解了小明的行为。

（2）接纳真实的对方

正念之恋倡导接纳恋人的不完美。通过正视现实，我们可以建立更深层次的亲密关系，而不是试图改变对方以符合我们的幻想。

小郑和小芳在一起已经有一段时间了。小郑一直认为小芳应该更活跃一些，而小芳却喜欢自如地待在家里，不喜欢活跃在各种社交活动中。后来，小郑学会了接纳小芳的真实性格，而不是试图改变她。通过这种接纳，他们的关系变得更加稳定。小芳也开始鼓励小郑去追求自己的兴趣，给予他足够的空间。

（3）适度降低期望

正念之恋鼓励我们适度降低对关系的期望。过高的期望往往导致失望，而正念让我们关注当下的美好，减少对未来的焦虑。

小陈是一个追求完美的人，在恋爱中，他希望一切都能符合自己的标准。每当小雯表现得不如预期时，小陈就会感到失望。后来，在朋友的建议下，小陈学会了适度降低对关系的期望。

通过关注当下的美好，他意识到小雯的真实样子远比完美的幻想更有魅力，他们的关系也因此变得更加和谐。

降低不切实际的期望，关注当下的美好。

（4）多表达感激、赞赏等积极情绪

在恋爱中多表达积极情绪对于加强双方的联系和增加彼此的幸福感至关重要。通过正念练习，我们可以学习更加感激并赞赏恋人的正面行为，这有助于营造一个互相支持、互相鼓励的积极环境。

例如，小芸和小杰从去年开始实践每天至少表达一次对对方的感激之情。小杰发现，当他感谢小芸做的美味晚餐时，小芸会感到被珍视和被重视。同样，小芸也会赞赏小杰工作上的努力和他对家庭的关心。

通过每天的小确认，他们都感受到了来自对方的爱和尊重，这不仅加深了他们的情感联结，还帮助他们缓解了日常生活的压力和矛盾。这种积极的交流习惯让双方都感受到了正面的情绪反馈，进而增强了彼此之间的信任，增进了恋爱幸福感。

这种方法易于操作且成效显著，通过简单的每日感激表达，可以有效提升恋爱关系的质量和持久性。

通过正念之恋，你能够培养对当下状态的关注和对自己及恋人当前情绪的觉察，减少对未来的担忧和对过去的执着。你和你的恋人可以因此建立更健康、更深层次的情感联结。

放手的艺术：
何时该结束一段关系？

虽然我很不愿意说起这个话题，但是对于理智的你来说，应该也会懂得，不是每段感情都会步入婚姻的殿堂。

在一场注定要结束的爱情的旅程中，最困难的一步往往是走出最后的那道门槛。学会勇敢放手说再见，是一项既艰难又重要的技能。恋爱脑时常让我们沉溺于虚幻的安全感中，使我们常对已经失去益处的关系还抱有不切实际的期待。

不是每段感情都会步入婚姻的殿堂，
学会勇敢放手说再见，是一项既艰难又重要的技能。

实际上，当爱情不再闪耀，而关系变得像旧电池般难以继续释放能量时，我们需要学会识别一些信号，在恰当的时刻结束这段关系，为彼此追寻更美好的未来腾出空间。

这就像一首不断重复的旋律，当一段关系停滞不前，失去活力时，我们常常会下意识地忽视这些明显的征兆，希望通过坚持和努力让它恢复生机。然而，单纯依赖坚持获得的些许舒适感可能是一种陷阱，让我们忘记了真正的幸福是什么样子。放手不意味着失败，而是为了找到真正适合自己的幸福而采取的一步主动之举。

想象一下，如果你一直穿着一双磨脚的鞋子，你或许会一再忍耐，安慰自己"鞋子会变松"。然而，脚上的水泡和疼痛终究是无法忽视的。爱情也是如此，当关系变得让双方都很痛苦，甚至令人心碎，我们就该意识到，这并不是恋爱必须忍受的痛苦，而是恋爱该结束的警示。

陈翔和可可是一对在大学时期相识的情侣，是彼此的初恋。两个人携手毕业之后，都在同一个城市里找到了令人满意的工作，双方的父母也都支持他们一直携手走下去，结婚生子，成立自己的家庭。

但遗憾的是，陈翔和可可之间的关系，并没有像大家预期的那样发展下去，他们的兴趣、价值观和人生目标开始出现分歧。陈翔想要在事业上有所成就，追求一个稳定的家庭生活，而可可则更想追求自由自在的生活方式，比如当一位旅行博主，一边旅行，一边拍摄短视频。

不健康的恋情如同磨脚的鞋子，你或许能忍耐一时，
安慰自己"鞋子会变松"，
但脚上的水泡和疼痛终究是无法忽视的。

他们的关系逐渐变得紧张。陈翔开始对可可的想法感到不满，而可可也对陈翔缺乏对自己梦想的支持感到失望。他们多次尝试通过沟通来解决问题，但发现彼此的想法和愿望仍然很难达成一致。

最后，可可提议："我们可能需要一些时间来反思一下，我们的关系到底是否要继续下去。"

在经过一段时间的冷静期后，他们都意识到，尽管曾经深爱对方，但彼此的未来已经不再"兼容"。他们决定和平地结束这段关系。虽然痛苦，但他们都明白这是为了让彼此找到更适合自己的生活方式。

放手并不意味着你不再关心对方，而是你更在意自己和对方的幸福。恋爱脑可能让你看不到关系中的问题，这或许会让你一再坚持，但在这趟旅程中，最关键的是要清晰地了解自己的感受和需求，敢于采取行动，为自己和对方创造一个更加幸福的未来。

放手并不是结束，而是为新的开始铺路。勇敢地走出这一步，让你有机会迎接更适合自己的、更加美好的亲密关系，让彼此都能够找到更舒适自在的生活方式。

放手并不意味着你不再关心对方，
而是为自己和对方创造一个更加幸福的未来。

当然，知道何时放手并不容易，但如果有下面这些明显的迹象，那可能预示着你们的关系已经不再健康，或许是时候说再见了。

（1）缺乏共同的目标

当两人不再有共同的未来愿景，关系就很难持久。像陈翔和可可一样，生活目标的不一致，就可能导致彼此的期待和需求难以被满足而出现严重分歧。

（2）持续冲突

每段关系中都会有争吵，但如果冲突异常频繁，或持续几个月甚至更长时间，且无法解决，这也可能是关系已经失去活力的信号。

（3）情感疏离

如果你们之间的情感联系正在逐渐减弱，变得冷淡甚至敌对，这可能表明关系已经逐渐走到尽头。

（4）不再成长

健康的关系应该是互相支持、共同成长的。如果你感到在这段关系中停滞不前，甚至倒退，那可能是该说再见的时候了。

结束关系需要勇气，但这也是一种爱自己的表现。正如情绪智力所倡导的那样，勇敢地面对和处理情感问题，可以让我们更加成熟和强大。结束一段不再有益的亲密关系，虽然痛苦，但也为新的机会和更好的未来腾出了空间。

如果你看过太多的情感经历，就会发现：在爱情的世界里，有时候放手是一种爱的体现，是让彼此找到真正幸福的唯一途径。

心灵疗愈：
从失恋中重新站起来

失恋的痛苦，就像一场突如其来的龙卷风，把原本平静的生活卷得天翻地覆。心碎不仅让人心理受挫，甚至在身体上也会让人感到不适。对于恋爱脑来说，这种情绪冲击尤其剧烈，因为他们往往全心全意地投入了感情。

这种痛苦不仅仅是因为失去了爱情，还因为他们将自我价值与恋爱关系紧密联系在一起。当恋爱关系破裂，恋爱脑常常会感觉到自我价值受到了严重的打击。这种情绪冲击可能导致他们陷入焦虑、抑郁，甚至产生自我毁灭的想法。因为他们对爱情的投入非常深，所以一旦失去这段关系，他们可能觉得人生失去了意义，变得迷茫而绝望。

有些恋爱脑在失恋后会表现出极端的行为，例如不断地联系对方，希望通过挽回来缓解自己的痛苦。而当挽回失败时，他们可能会自暴自弃，对自己产生负面的评价，认为自己不值得被爱。这种恶性循环不仅影响了他们的情感健康，还可能对他们的生活产生长期的不利影响。

关恋的痛苦，就像一场突如其来的龙卷风，
把原本平静的生活卷得天翻地覆。

那么，当爱情的泡沫破裂，我们该如何重新站起来，修复受伤的心灵呢？小琪的经历或许能够带给我们一些启发。

小琪和男友阿伟相恋了三年多，两人的关系一直都很好，小琪甚至认为阿伟就是她的"真命天子"。然而令小琪感到意外的是，在她 25 岁生日即将到来的前几天，阿伟突然提出了分手，理由是他觉得两人的感情已经走到了尽头。

无论小琪怎么挽回这段感情，阿伟都如同铁石心肠般拒绝复合。这让小琪感觉自己的世界都要崩塌了，原本甜蜜的未来愿景瞬间变成了无法实现的梦。她整日沉浸在过去的美好回忆中，拒绝见朋友和家人。

"伤口是光进入我们内心的地方。"
失恋就像一场情感的洗礼，冲刷掉不健康的依赖和幻想，
让我们更清晰地看待自己和世界。

在失恋的痛苦中，小琪意识到她需要学会情感复苏。于是，她决定采取一些积极的措施，重新找回自我。

（1）接受和表达自己的情绪

小琪首先学会接受自己的情绪。她不再压抑自己的悲伤，而是让自己哭泣、倾诉，把心中的痛苦都宣泄出来。她发现，与朋友和家人谈论自己的感受，可以释放内心的压力。比如，她最好的闺蜜听说了这件事，就第一时间过来看她，并陪她聊了整整一个下午。在倾诉过程中，小琪发现自己从未意识到的情绪，逐渐理解了自己的内心。

（2）专注于自我照顾

小琪意识到，照顾好自己的身体和心灵非常重要。她开始做一些让自己愉快的事情，比如上瑜伽课、听音乐、读书。尽管还处于失恋的痛苦中，但她还是尽量让自己保持健康的饮食和作息习惯，早上起床后走到窗边，看着阳光洒进房间，再煮一杯香浓的咖啡。这种自我照顾帮助她恢复了体力和精神，让她重新找到了生活的节奏。

爱情不应该是我们唯一的价值来源。
真正的幸福来自内在，而不是外部。

（3）寻找新的目标和兴趣

在失恋之后，小琪也开始寻找新的兴趣爱好，以帮助自己转移注意力。她在摄影班认识了新的朋友，并和他们一起探讨摄影技巧，寻找新的拍摄角度，发现生活中美丽的瞬间。新的目标让她有了前进的动力，不再沉迷于过去。每当拍到一张满意的照片，小琪都会感到一阵满足与喜悦，这让她明白，自己的快乐可以源于很多方面，而不单单来自某一个人。

（4）寻求专业帮助

当小琪觉得自己无法独自走出困境时，她还向网络上的一位心理咨询师寻求了帮助。在专业人士的指导下，她学会了如何应对失恋的情绪，并重新建立自信。这位咨询师给了她很多实用的建议，包括如何调整心态、如何处理负面情绪等。通过多次咨询，小琪逐渐明白，爱情只是人生的一部分，并不是全部。

（5）重新定义幸福

最后，小琪意识到幸福不一定依赖于另一半，自己也可以给幸福"下定义"。她开始学会独自享受生活，也逐渐发现自己本就拥有很多值得珍惜的事物。她不再渴望通过别人来定义自己的价值，而是学会了从内在寻找幸福。她去大自然中散步，欣赏四季的变化，感受阳光的温暖；她与朋友们一起度过美好的时光，共同分享彼此的快乐。

去大自然中散步，欣赏四季的变化，感受阳光的温暖，
与朋友们共度美好时光……
这才是幸福的具象化呀！

通过这些方法，小琪逐渐从心碎中恢复过来。她不仅重新找回了自我，还变得更加坚强和独立，这也让她对未来的生活有了更多的期待。失恋虽然是一场痛苦的经历，但也是一个重新认识自己、促进自我成长的机会。

对于曾深爱过但仍遭遇失恋的人来说，情感复苏可能需要更多的时间和努力。但你要相信，通过有效的策略方法和积极的行动，学会从内部寻找幸福感，人人都可以在失恋后走向新的幸福。

失恋就像一场情感的洗礼，把那些不健康的依赖和幻想都冲刷掉，让我们更清晰地看待自己和世界。正如一位哲人所言："伤口是光进入我们内心的地方。"通过接纳自己的情绪，照顾自己的心灵，寻找新的目标和兴趣，我们一定可以找到通往幸福的道路。

重要的是，我们要记住，爱情不应该是我们唯一的价值来源。真正的幸福来自内在，而不是外部。我们要学会从自我中寻找幸福感，而不再将幸福依赖于别人。无论恋爱多么甜蜜，我们都要学会自尊、自爱，因为这是健康关系的基础，也是走向幸福的关键。

④ 健康恋爱的秘诀，互爱互尊的黄金法则

　　在恋爱的旅程中，学会爱与被爱是一门艺术，需要我们在多个层面不断磨炼和实践。接下来，我们将探讨如何通过高情商的沟通技巧、解决冲突的智慧、多样的爱的语言、恰当的时间管理、共同梦想的规划、情感污染的清理，以及财务的共同管理等，全方位提升恋爱体验。

爱的沟通术：
提升你的恋爱沟通技巧

在恋爱的舞台上，沟通是那支掌控乐章的指挥棒，没有它，两颗心就像两个失去节拍的鼓点，难以合奏出和谐的旋律。让我们一起探索如何通过良好的沟通技巧，提升恋爱的和谐度。

首先，你需要理解的是，有效沟通并不仅仅是说出你的想法和感受，更重要的是听懂对方想表达的意思。在恋爱关系中，这种技能尤其重要，因为它涉及的不只是信息的传递，还有情感的交流。

高效的沟通是需要双向努力的，
既包括精准的表达，也包括细致的倾听。

想象一下，如果恋爱脑是一位热情的演说家，那么情绪智力就是那位细心的听众。只有当演说家明确表达，听众才能理解其真正的意图。这就是为什么在恋爱中，我们需要不断锤炼自己的表达能力和倾听技巧。

（1）倾听的艺术

想象一下，我们为什么有两只耳朵却只有一张嘴巴呢？这不仅仅是生物学上的巧合，更像是自然界对我们的小提示——多听，少说。尤其是在恋爱中，倾听远不止是简单地接收声音那么简单。这里的"艺术"在于不仅听出字面上的含义，也要感受到那些藏在话语背后的真实情感和需求。

真正的倾听其实挺像侦探工作，需要我们敏锐地捕捉、解读恋人的情绪波动。这种能力可以让我们在关键时刻给予更贴心的回应和支持。所以，倾听不仅是聊天的技巧，更是让关系更加紧密的秘密武器。想要营造更好的亲密关系，那就要多听，细心感受，并用心回应，沟通便不再是难题！

想象这样一个场景：你的恋人下班一回家，就开始诉说她那令人头疼的一天。看似她只是在抱怨这一天的忙碌和挑战，实际上她可能在间接地求助，希望得到你的安慰和理解。也许是因为她的项目没有得到领导的认可，或者和那个总爱抢她风头的同事又起了冲突。这时，她的言语里不只有事件的叙述，更有情绪的传递和压力的释放。

要多听，细心感受，并用心回应，
亲密关系中的沟通便不再是难题！

在这个时候，你的任务不该是坐在那儿像个木头人一样，而应变成一个情感的超级侦探，积极地去感受和理解她的心情。这意味着在她说话时，你得展示出满满的关心和关切，可以通过点头、眼神交流或者偶尔的"嗯哼"，来让她感受到你的全神贯注和深度理解。你甚至可以用你的话重述她的经历，比如："听起来你今天真的超级辛苦，感觉整个世界都在压榨你！"

这样的回应不仅可以让她感觉到被理解和支持，还能开启更深层次的对话，让她觉得在这个世界上至少你一直是她坚强的后盾。

通过这种充满关心的深度倾听，你不仅帮助恋人减轻了压力，还在你们的关系里种下了信任的种子，让彼此的心更紧密地连在一起。这样的倾听技巧，在恋爱中简直是必修课，它能够帮助双方在共同的生活旅途中更好地相互扶持和理解。

（2）表达的技巧

想在恋爱中把话说得既得体又甜蜜，说到点上，那你就得提升你的表达技巧，让每次对话都像是在撒糖而不是撒盐。这不仅关乎怎样更好地表达爱意，还涵盖了如何在日常生活中有效地表达你的感受和需求。

亲密关系中的有效沟通，不仅能让你们的关系更加稳固，还能让相处的每一天都充满乐趣和甜蜜。

首先，要精准把握"说什么"和"何时说"的艺术。比如，如果你想赞美另一半的新发型或者职场上的小胜利，可以找一个轻松的时刻开口，比如吃晚饭或散步的时候。这时候来一句："你今天的发型真是太赞了，看起来充满了活力。"或者说："听说你的项目做得棒极了，我真的超级骄傲。"这样的话，赞美的分量自然就加倍了。

其次，当你想表达自己的需求或者不太愉快的感受时，记得要有技巧。如果你需要更多的个人空间，别直接说"你太黏人了"，试试这样说："我觉得如果我们偶尔单独做些事，可能会让我们都更加满足。"这种方式听起来更为温和，也更容易让对方接受。

还有，不要忘记在表达时加入适当的情感。比如，如果你因为对方忘记了纪念日而沮丧，可以说："你忘了我们特别的日子，我真的有点难过，因为那天对我来说很重要。"通过这样的表达，对方能更明白你的感受，以及这件事对你产生了什么影响。

通过掌握这些表达的小技巧，你的恋爱沟通将会变得更加顺畅。记住，高效的沟通是需要双向努力的，既包括精准的表达，也包括细致的倾听。这样的沟通技巧，不仅能让你们的关系更加稳固，还能让相处的每一天都充满乐趣和甜蜜。

争吵的智慧：
健康解决恋爱冲突

争吵，在恋爱关系中几乎是"家常便饭"，有时候它们能点亮理解和共情的灯塔，有时则可能把信任的桥梁烧毁得一干二净。但别急，正确地处理这些不期而遇的小火花，不仅可以解决问题，还能加深彼此间的理解，增强联结，那可真是意外的惊喜！

把争吵想象成恋爱关系中的香料吧！没有它，生活可能平淡如水；用得不当，可能会令人窒息；但如果拿捏得恰到好处，它能让你们的关系更加紧密，信任的桥梁更加坚实，所谓的"越吵越爱"便是这个道理。如果你能从一个情绪的被动接收者，变成一个情绪的巧妙调控者，你就掌握了调味的秘诀。

处理情感冲突的首要步骤，是意识到冲突并不是罪恶的根源，而是因为双方需求和期望的不匹配。明确这一点，你就可以停止指责，并试图探索双方的真实需求，开启一次建设性的对话。

想象这样一个场景：你的恋人在你有重要工作演讲的日子计划了和朋友的聚会，你可能会感觉被冷落，心情很差。这时候，你可以平静地表达："今天对我很重要，我真希望你能在旁边支持我，你的缺席让我感到有些失落。"这样的方式，通常会比抱怨来得更有效，应打开心扉，而不是关闭沟通的大门。

争吵，似乎是恋爱关系中的"家常便饭"，
有时它能增进理解，有时却也可能摧毁信任的桥梁。

　　这样的沟通，不仅能够让问题得到有效解决，你们的关系也会因为彼此的理解而变得更加坚固。冷静和理智地处理冲突，用心去感受对方的情绪，满足对方的需要，你就会发现，冲突解决后的和好，会是你们关系成熟和深化的象征。

　　让我们来看看周强和木子的例子，他们的冲突是许多情侣在共同生活中可能遇到的一个典型冲突。周强是一个需要安静环境来完成编程工作的人，而木子则是需要音乐来激发创造力的作家。一天，木子在客厅播放音乐并大声唱歌，寻找写作的灵感，却不小心打扰到了需要集中精神的周强。当周强集中起来的注意力被背景音乐分散，他冲动地表达了不满，这让木子觉得自己在享受创作的快乐时受到了不公平对待，进而引发了激烈的争吵。

这场争吵其实不只是音乐播放与否的问题，更关乎如何在同一屋檐下平衡双方各自的需求。经过开诚布公的交流，周强和木子找到了既满足编程需要，也不妨碍木子创作激情的解决方案。这次冲突不该是对抗的过程，更应是双方寻求理解和支持的机会，是使关系更加稳固的黄金时机。

（1）及时沟通，避免负面情绪积压

周强应在感到不适时即刻与木子交流，而非等到情绪积累到无法控制时再爆发。比如，他可以在一起吃早饭时用轻松的语气提出："木子，我今天有一些需要高度集中注意力的工作，我们能否商量一个两全其美的方法来安排今天的工作环境？"这种方式可以防止问题积累，避免不必要的争吵。

正确地处理这些不期而遇的小火花，
不仅可以解决问题，还能加深彼此的感情。

（2）使用"I"语言表达感受

"I"语言（I-language）是一种在交流中使用的表达方式，它强调从自己的角度出发描述感受和需求，而不是指责或评判对方。例如，周强可以说："我发现自己在有背景音乐的环境中很难集中精力工作，这让我感到有些挫败。"这样的表达更容易被对方接受。

（3）寻求共赢的解决方案

他们还可以一起寻找双赢的解决方法，比如木子可以使用耳机听音乐，在周强的工作间隙，两人可以共享一些轻松的音乐。这样既满足了木子的创作氛围需求，也尊重了周强的工作环境需求。

争吵的根源，其实并不是那个引燃点，
而是如何在同一座檐下平衡双方各自的需求。

（4）适当忍让和妥协

如果找不到共赢的方法，其中一方也可以适当忍让，特别是男士。周强可以在工作时使用降噪耳机屏蔽外界的声音，或者在需要极度集中注意力的时候，告诉木子他会去另一个房间工作。木子也可以选择在周强的工作时间以外，享受她喜爱的音乐。

（5）提升自己的情绪智力

两人都可以努力提升自己的情绪智力，学习如何在冲突发生时管理好自己的情绪。例如，周强可以练习深呼吸来控制初期的烦躁情绪，木子则可以尝试理解周强的压力点，并在对话中表达对这些压力的理解与支持。

通过这些策略，周强和木子不仅能有效解决当下的冲突，还能通过这些小争执学会如何在关系中更好地沟通和相处，这也会使他们的恋爱关系因冲突的有效解决而更加坚固。这不仅是解决问题的技巧，更是维持爱情长久、和谐的必备艺术。

掌握处理冲突的艺术，不仅可以让你在恋爱的过程中与恋人相处得更愉快，还能够让你在人生的舞台上成为一名优雅的舞者。你每一次优雅的转身和跨越，都可能是迈向更深刻、更真挚爱情的舞步。

爱的五种语言：
掌握爱的表达方式

在爱情的语言中，可能没有哪种方法比盖瑞·查普曼（Gary Chapman）在《爱的五种语言》一书中提出的方法更能洞察心灵，让人豁然开朗了。这本问世已30余年的著作，不仅改变了无数人的爱情和婚姻生活，还帮助我们理解到，爱的表达方式多种多样，每种方式都能够深刻地触动人的心灵。

查普曼是一名作家和广播谈话节目主持人，他的洞察力来源于他的人类学专业背景以及作为婚姻顾问的经历，这些经历让他了解了人们表达和接受爱的多样化方式。通过实际的咨询对话，查普曼识别出人们沟通爱的模式，进而发展出五种独特的爱的语言，帮助了数百万人通过理解和应用这些爱的语言来增强他们的人际关系。

具体来说，盖瑞·查普曼所提出的"爱的五种语言"分别是：

（1）肯定的语言

"肯定的语言"翻译成最直白的表述就是说好话，强调通过言语表达赞美、认可和支持，以传达爱和尊重。这种语言形式可以非常简单，但却具有深远的影响力。

在日常生活中，简单的一句赞美或感谢，比如"你今天的菜做得真好吃"，或是"我真觉得你唱歌很好听"，不仅能让对方感受到被重视和爱护，也能增强双方的情感联结。肯定的语言不仅限于夸奖对方的外貌或成就，更包括对对方性格和努力的认可。

简单的一句赞美或感谢，不仅能让对方感受到被重视和爱护，也能增强双方的情感连接。

这种语言的力量还在于它能够激发正面的行为反馈。当一个人感觉到自己的努力和存在被肯定和赞赏时，通常会更加乐观积极地对待生活和人际关系。此外，肯定的话语还能作为情绪的缓冲，减轻生活中的压力和挫败感，帮助人们在困难时刻保持信心和动力。

然而，使用肯定的语言时，真诚是关键。空洞或虚伪的赞美很容易被识破，反而可能产生反效果，损害彼此原本的信任和关系。真诚的肯定来源于细心的观察和发自内心的欣赏，它要求我们以开放的心态和敏锐的洞察力去理解和关注对方。

例如，小张总觉得女友对自己不够上心。那天，他刚搞定一个棘手的项目，女友知道后惊喜地说道："你太厉害了，这项工作确实挺难的，你做得真不错！"这么一来，小张心里暖暖的，感觉之前那么折腾都值了，他的努力终于被女友看见，这让他特别有成就感。

（2）精心时刻

说到精心时刻，其实就是指专心致志地与对方共度时光，在这些时光里，你们不仅仅是物理上的待在一起，更重要的是心理上的全情投入。

在恋爱关系中，共享高质量的时间对于建立深刻的情感联结来说至关重要。这不只是一起看部电影或是散个步那么简单，更关键的是在这些共同的时刻里，双方能够真正地把日常的忙碌和压力放到一边，将全部的注意力都放在彼此身上。无论是深入谈话，一起冒险，还是共同完成某个创造性的项目，这种专注的交流和共同参与都能增进双方的感情。

比如，一对恋人可以一起下厨做一顿特别的晚餐，或者一起策划并实现一个家庭小项目，或者一起装饰家中的一个角落。这样的活动不仅仅是时间的共享，更是通过共同的努力和创造来增进彼此间的理解和信任。

"此刻，没有什么比我们在一起更重要。"

在这个充满干扰的快节奏世界中，我们很容易被手机或社交媒体等分散注意力，但我们要时刻提醒自己，要把真正的心思和注意力放在所爱的人身上，这是表达爱的一种非常重要的方式。当你把手机放到一边，关掉电视，用心倾听对方讲述他 / 她的一天，你就是在传递这样一个信息："此刻，没有什么比我们在一起更重要。"

此外，花时间在一起也是解决冲突和增进理解的好方法。当发生争执时，你的恋人如果能够抽出时间来真诚地交流彼此的想法和感受，而不是急于找到快速的解决方案，这种方式通常能找到更根本的解决办法，并学会如何在未来更好地支持彼此。

比如小李和她的恋人平时虽然忙于各自的事务，经常"抱着"手机，但他们有个规矩：每天晚餐时间，一定要放下手机，认真聊天、分享当天的点滴。这样的分享时光让他们感到非常珍贵，因为它确保了无论多忙，他们都有那么一段专属彼此的时间去深入了解对方的生活，这能让彼此的心更近一些。

（3）送礼物

在很多地方，送礼物不只是简单的行为，它是一种特别的方式，用来表达我们的情感和心意。在恋爱中，挑选那份完美的礼物给另一半，这本身就是一种告白，不仅显示了你对对方的爱和尊重，还显示了你对他／她个性和喜好的了解。

礼物的真正价值，不在于它的价格，而在于送礼人的心思和礼物背后的寓意。可能是一束手挑的鲜花，一本精心选择的书，或是一张亲手写的便条，这些都能传递你的深情和关心。这些小礼物将在你们的回忆中占有一席之地，成为你们关系中的珍贵象征。

在一段关系的不同阶段，礼物通常扮演着不同的角色。比如刚开始认识时，送礼通常是一种小心的尝试，像是在说："我想更了解你。"关系越来越深入时，礼物就更加个性化，更贴近对方的真实喜好，每一份礼物都像是在回忆过去的美好，同时期待着未来的幸福。

礼物的真正价值，不在于它的价格，
而在于送礼人的心思和礼物背后的寓意。

不过，送礼物的艺术不只在于选择和赠送，接受礼物的方式同样重要，这能表现出你对送礼人情感的尊重和珍视。表达感谢和对礼物的欣赏可以进一步加深你们的感情，让送礼的人感受到他们的努力是被看重和赞赏的。

举个例子，小赵每次出差回来都会给他女友带回一件当地的小纪念品。这些礼物可能都不贵重，但他的女友特别珍惜，因为这表明小赵在旅途中一直在想着她。这种心意的交换，让送礼物和收礼物都成为爱情中的温馨语言，增加了彼此之间的理解和深情。

（4）服务行为

在恋爱关系中，通过"服务行为"来表达爱意是特别珍贵且实际的方式。它直接显示了一个人愿意为了另一半付出多少努力和牺牲。

这种爱的表达可以是生活中的小细节，比如早上给爱人准备早餐，清理两个人共用的空间，或者在对方累的时候主动做更多家务。这些简单的举动虽小，却是爱的具体体现，能够让你的另一半感受到温暖和被需要。

在恋爱的每一天里，每一次你无声地为对方做点什么，都像是在你们的关系中种下一颗爱的小种子。随着时间的推移，这些小种子会慢慢生根发芽，最终长成坚固的信任和依赖的大树。当你在对方需要时及时伸出援手，这份默契和理解就构成了更深刻的情感联结。

更深一层地看，服务行为还是一种无私精神的体现。真正的爱情不只是甜言蜜语的交流，它还包括在对方遇到困难时挺身而出，提供支持和帮助，不图回报，只希望对方幸福。

然而，服务行为最动人的地方在于对方是发自真心地想让你更好。如果是被迫或仅仅是例行公事，这些行为可能就不能真正地表达爱意。只有那些发自内心，真正考虑到对方需要的行为，才能深深打动人心，使双方的关系更加紧密。

在爱的世界里，行动胜过千言万语。

比如小李的男朋友知道她最近在为一个重要的项目加班到很晚，所以他决定承担起家里所有的晚餐准备工作。每天晚上，小李回家时，都能闻到美味的晚餐香味迎面而来，这让她深感温馨，也极大地减轻了她的工作压力。这个简单的行为不仅展现了他对她生活状态的理解和支持，也让她的晚上变得更加轻松愉快。

爱情有时很简单，不需要华丽的言辞或昂贵的礼物。一份早餐、一杯暖暖的咖啡，甚至是一个及时的拥抱，都是爱的强烈表达。在爱的世界里，行动胜过千言万语。通过"服务行为"，我们不仅向对方展示了我们的爱，也在默默中建立了一个充满关怀和支持的美好关系。

（5）身体接触

"身体接触"在恋爱关系中扮演着至关重要的角色，因为这能通过触摸传达那些难以言表的深情和温暖。

想象一下，当你和爱人面对挑战时相互拥抱，那种温暖的触感和心灵的慰藉常常比任何语言都来得有力。一个亲吻，无论是轻轻一触还是深情长久，都直接表达了爱意和亲密无间，能在一瞬间点燃激情，也能在平凡的日子里添加一抹浪漫。而牵手，则是一种持续的、简单的动作，它象征着彼此间坚定的承诺，无论是在熙熙攘攘的人群中还是在宁静的夜晚，都能让两个人感受到彼此的支持和陪伴。

更深层地说，身体接触在恋爱关系中的重要性也不可小觑。作为感觉生物，触觉是我们连接外界的一种基本方式。在亲密关系中，身体的触碰，不仅可以增进感情的亲密度，促进情绪的交流，还能带来安全感和归属感，这种接触触及心灵，能够带来心灵的抚慰。

拥抱带来的温暖，亲吻带来的慰藉，
往往比任何语言都来得更有力度。

小陈作为一位正在创业的工程师，每当工作带来压力和挫折时，他的女友总会及时给他一个温暖的拥抱。这样的身体接触让他感到被支持，也很安心，成为他们感情中不可缺少的一部分。

身体接触，作为表达爱的一种方式，是建立和维持恋爱关系中感情纽带的关键。它不只是身体的触碰，更是心与心的交流和情感的共鸣。在爱的旅程中，让身体接触成为情感表达的重要途径，这可以让你们的爱情旅程更加丰富多彩、浸润人心。

"爱的五种语言"教会我们如何使用这些爱的表达方式，让我们不仅可以用心去爱，而且用最合适的方式去爱，确保爱意能精准地传达，让每个人在关系中都感受到被珍惜。通过这种方法，我们可以学会如何深化理解和尊重，为维护长久和谐的关系打下坚实的基础。

恋爱中的时间管理：优化你们的共处时光

在恋爱的星际宇宙中，时间如同那颗精准调控星球轨迹的恒星，其影响力既宏大又深远。这颗被喻为"时间恒星"的存在，在情侣关系的苍穹中缓缓而坚定地运转，精准地衡量着恋人们相伴的每一刻和相隔的距离。当我们巧妙地驾驭这颗恒星，恋爱的星系将和谐运转，星光熠熠；然而，一旦疏忽管理，便可能引发星辰的错位甚至脱轨，使得整片星空陷入混乱与迷茫。

　　科学地平衡个人时间与共处时间，不仅是维系恋爱关系新鲜感和保持双方独立性的基石，更是促进心理健康和个人成长的必要途径。若一个人始终在关系的轨道上与恋人紧密相连，没有留下任何空间去呼吸、思考和自由探索，那么这种紧密的束缚很可能使关系因缺乏新鲜空气而逐渐窒息。因此，我们应当珍视个人时间，保持适度的独立空间，以确保恋爱关系的长久与稳固。

恋人如同夜空中两颗相互辉映的星辰，
既保持独立又互相成就。

相反地，当每个人都在各自的轨道上悠然飞行，时而靠近、交流、分享，他们的关系就如同夜空中两颗相互辉映的星辰，既保持独立又互相成就。

比如一对热恋中的情侣，他们几乎所有的空闲时间都想要黏在一起。起初，这种不分彼此的亲密无间似乎很有诗意，但渐渐地，他们可能会逐渐感受到彼此的空间被挤压，个人的兴趣和自由都受到了限制。两个人之间的摩擦也因此开始悄然滋生。

那么，对于恋爱中的情侣来说，如何科学地平衡个人时间和共处时间呢？我一般会推荐以下这几个策略：

（1）明确界定"我的时间"

打个比方，在一对情侣的生活中，双方各自的生活都可以看作是一部电影。男朋友下班后喜欢去健身房释放压力，像是电影中的一场动作片，充满活力和挑战。而女朋友更喜欢静静地阅读，她的场景更像是一部文艺片，安静而深刻。通过明确划分这些"我的时间"，他们能够各自充电，再以更完整的自我回归到共同的生活中。这不仅保持了各自的个性，还为相聚时增添了更多值得分享的内容。

在独处的时间里各自充电，
才能以更完整的自我回归到共同的生活中。

（2）享受高质量的"我们的时间"

除了界定好"我的时间"以外，情侣们也应该充分享受"我们的时间"。无论是外出就餐、观看电影，还是手牵手散步在夜风中，你都应该确保这是高质量的时间。这些时刻就像电影中的高光镜头，每一秒都值得珍惜和品味。你们全心投入，让彼此的存在成为那一刻最美好的礼物。

（3）尊重和支持对方的个人计划

在这段关系的剧本中，个人兴趣和社交活动是不可或缺的支线。比如，作为男朋友，可以鼓励女朋友和她的姐妹们一起出游逛街，这是她看世界和放松的方式。反过来，作为女朋友，也可以支持男朋友和他"狐朋狗友"的足球之夜。朋友们的支持如同电影中的助演，虽非主角，却是情节丰富不可或缺的一部分。

朋友们的支持如同电影中的助演，虽非主角，
却是情节丰富不可或缺的一部分。

（4）灵活调整

生活总是充满变数，就像电影剧本中突如其来的转折。如果男朋友的健身计划和女朋友的工作晚宴冲突了，他们就需要像优秀编剧那样调整剧情。可能他们会选择在不同的时间进行活动，或者找到一个可以一起参与的全新活动。这种灵活性让他们的剧本既真实又充满乐趣。

（5）使用时间管理工具

在一对情侣的生活剧本中，时间管理工具可以是他们的助手，帮他们记录每一场戏的时间和地点。利用共享日历或时间管理应用，他们可以轻松地避免时间冲突，确保每个重要场景都不会被遗忘。这就像电影制作中的剧务，保证每一场戏都能准时顺利地拍摄。

利用共享日历或时间管理应用，你们可以轻松避免时间冲突，确保每个重要场景都不会被遗忘。

恋爱中的时间管理，犹如精心策划的一场宇宙航行。在这场航行中，你既是体验者也是导航员，不仅要确保共同探索的星际之旅满载欢声笑语与珍贵回忆，还要为彼此留出足够的空间，去领略宇宙深处的自由与广阔。这样的时间旅行既充满了挑战又洋溢着乐趣，最终，两个灵魂将在浩渺无垠的恋爱宇宙中，找到彼此最为璀璨的星光，携手绘制出一幅绚烂夺目的星图。

清除情感污染：
释放恋爱中的负面情绪

在恋爱中，情感污染如同空气中隐匿的尘埃，悄无声息地积累，我们可能难以察觉其细微影响，但长时间下来，它们却足以侵蚀甚至摧毁最坚固的情感纽带。因此，学会识别和清除这些潜在的负面情绪至关重要。若放任不管，它们终将化作一道无形的屏障，阻碍我们彼此深入了解与亲近，让心灵的交流变得困难重重。

情感污染，这个比喻恰如其分地描绘了在恋爱中逐渐积累的负面情绪，他们或许起初并不显眼，但久而久之，足以让爱情的火花逐渐熄灭，甚至导致关系的破裂，李泽和苏婷的故事，便是一个生动的例证。

　　李泽和苏婷曾是大学校园中令人艳羡的情侣，李泽的理性与苏婷的活泼完美互补，仿佛是天造地设的一对。在恋爱初期，两人总能找到共同的话题和兴趣，欢声笑语伴随着他们每一次的相聚。

　　然而，随着时间的流逝，工作的压力和生活的琐碎开始悄然侵蚀他们的关系。作为软件工程师的李泽，常常需要加班到深夜；而苏婷在广告公司的工作也同样忙碌且充满挑战。两人开始减少了彼此间的交流，每当苏婷想要分享自己一天的点点滴滴时，李泽常常因为疲惫而只是简单地敷衍回应。这些看似微小的变化，实际上正是情感污染悄然滋生的征兆。

负面情绪如同一条隐形的裂痕，如果不及时发现并清理，即便是再最坚固的关系也可能会崩溃瓦解。

逐渐地，苏婷越来越感受到自己情绪上的被忽视。她的不满和失望逐渐积聚，而李泽也倍感压力，因为他发现自己难以满足苏婷日益增长的情感需求。他们之间的小争执日渐频繁，但双方都选择回避，不愿首先开口讨论问题的根源。

一次周末，苏婷提议一起去爬山以放松心情，而李泽因工作的疲惫选择留在家中休息。这让苏婷感到非常失望，她独自踏上山路，一边攀登一边反思自己和李泽的感情。苏婷开始意识到两人之间的隔阂已然难以逾越，他们的关系渐行渐远。

一段时间后，长时间积压的负面情绪如同决堤的洪水，终于在一次激烈的争吵后爆发。李泽和苏婷意识到，尽管他们深爱彼此，但长期的情感污染已让这段关系难以再继续。在无尽的痛苦和泪水中，两人作出了艰难的决定，选择了分手，结束这段原本充满希望的关系。

正如李泽和苏婷所经历的那样，情感污染如同一条隐形的裂痕，如果不及时发现并清理，即便是再坚固的关系也可能崩溃瓦解。为了保持关系的健康发展，清除这些情绪杂质至关重要。以下是一些具体做法，或许能为您的爱情之舟保驾护航。

（1）识别情绪污染源

首先，我们得学会像侦探一样识别情绪的污染源。这可能是日常生活中的小摩擦，也可能是工作压力或家庭琐碎带来的间接

学会像侦探一样识别负面情绪的根源，
这是解决问题的第一步。

影响。就像侦探追踪线索一样，找到情绪污染的根源，是解决问题的第一步。要做到这一点，你和你的伴侣需要成为彼此情绪的秘密探员，共同挖掘并识别那些不易察觉的情绪污染源。

比如，一对已经同居的情侣经常因为男方加班晚归而发生争执。通过彼此的深入对话，他们发现真正的污染源不是加班本身，而是女方感受到的被忽略和不被重视。这一发现帮助他们从根本上理解了冲突的本质，并一起寻找解决方法。

（2）开展"情绪大扫除"

找到了污染源后，接下来就是大扫除的时候了。这需要双方的共同努力，通过开放而诚实的沟通来释放和处理这些负面情绪。

设想一下，你们是团队中的清洁专家，每一次深入交流都像是用情感的吸尘器清理掉积攒的尘埃。记得，清洁工作不仅要彻底，还应定期进行，以防杂质再次积累。

定期的"情绪大扫除"，能够帮助你们清理误解，
关系也会因此变得更加稳固。

比如，小高和小夏决定开诚布公地讨论他们各自的不安全感。小高承认他对小夏过去的感情很敏感，这经常导致他过度反应。通过这次"情绪大扫除"，两人清理了许多误解，关系也因此变得

更加稳固。

（3）情绪保护措施

就像我们会在家中安装空气净化器一样，恋爱中也需要安装情绪保护装置。这意味着建立一些健康的交流习惯和边界，避免那些可能引发负面情绪的行为，也可以将此视为恋爱中的情绪滤网，不仅能过滤掉现有的污染，还能预防未来的情绪污染。

就像我们会在家中安装空气净化器一样，
恋爱中也需要安装情绪保护装置。

比如，陈晨和刘思在经历了争执后，选择了一个独特而明智的解决方式：在任何重要的决策讨论前，先花 10～15 分钟分享彼此当天的心情和感受。这种"情绪滤网"不仅帮助他们减少了误解和冲突，更在无形中保护了他们之间的情感空间，使之保持清新与和谐。

（4）定期情感维护

任何关系都不能仅仅依靠初期的热情来长久维持，它需要的是持续的维护和关怀。设定定期的"情感保养"时间，就像给车辆做定期保养一样。这可以是每周的情侣时间，或是每月的关系回顾，目的是保持关系的最佳运转状态，确保所有的情绪齿轮都在正常运转。

比如，一对已经度过热恋期的情侣，每月都会安排一次"关系健康检查"，在这次检查中，他们会讨论过去一个月中彼此感到满意或不满意的事情，并设定下个月的关系目标。这种定期维护帮助他们及时处理小问题，避免了情绪污染的累积。

清除恋爱中的情感污染，不仅能让关系更加清新愉悦，还能加深双方的理解和信任。记住，健康的情绪环境是任何长久关系的基础，也是恋人建立深度联结的保障。每对情侣都可以从中找到适合自己的情感清洁工具，让爱情在清新的环境中持续绽放。

共筑梦想：
规划你们的未来蓝图

在爱情的旅途中，共同筑梦不仅是对感情的庄严承诺，更是两人携手共进的生活美学。当两个人坐下来，共同规划他们的未来时，这段关系就像是被赋予了一种特别的力量，能够让爱情在现实的考验中坚持得更久，也更稳定。

想象一下，如果爱情是一幢房子，那么共筑的梦想就是那坚固的基石和结实的框架。没有它们，这幢房子可能只是一堆松散的砖头和瓦片，随时可能崩塌。

但我这么说，并不代表着你和你的恋人需要马上展开一场热烈的讨论。特别是那些刚相识没多久的情侣，规划未来是一种不切实际的做法。理想的时机是当两人都能认真对待彼此的未来，并且愿意在实现共同目标上投入时间和精力时。

通常，这发生在关系稳定并且双方都对未来有了更清晰的共同愿景，并且有意愿携手共度人生时。例如，一对情侣在交往一年后，当他们开始讨论搬到一起居住的可能性时，他们决定坐下来规划接下来的五年计划。那么，对于要规划未来的情侣来说，应该遵循哪些科学的步骤呢？

在爱情的旅途中，共同筑梦不仅是对感情的庄严承诺，
更是两人携手共进的生活美学。

（1）开放的对话

在任何人际关系中，开放的对话都是建立坚实基础的关键。这种对话并非浮于表面，仅止于闲聊喜好，而是深入触及彼此的人生观、职业规划，以及对理想生活方式的热切憧憬。为了确保无干扰，可以选择一个安静舒适的环境，比如家中静谧的小阳台或是街角那家安静的咖啡馆。在这样的氛围中，你们可以卸下日常的紧张与疲惫，将全部注意力聚焦于共同构想的未来，让心灵

的交流如清泉般流淌，为彼此的关系注入更深的情感纽带。

例如，一对情侣可能会选择一个悠闲的周末早晨，围坐在家中的餐桌旁，讨论他们对未来理想居住城市的憧憬以及共同向往的生活方式。

（2）定义共同的梦想和目标

一旦心与心的通道打开，下一步就是将梦想化为具体可行的目标。为了更易于执行与达成，可以先从简单而明确的目标入手。例如，可以计划一次期待已久的共同旅行，或是启动一项为期一年的储蓄计划，为未来购置心仪的居所打下基础。这样的步骤不仅让梦想有了实际的落脚点，也为关系增添了共同的奋斗目标和美好的回忆。

将爱情从浪漫的云端带到现实的土地上，
你们才能更好地携手筑就未来。

例如，一对情侣在制订未来规划时，毅然决定每月将一部分收入存入共同账户，以此作为购置首套住房的储备金。这样明确的目标不仅可以考验和加强双方的合作精神，更是为面对未来更大挑战时，所需的深厚信任和高效协调打下坚实基础。

（3）建立行动计划

当梦想被具体化后，接下来的任务是制订一个实际的行动计划。这包括将大目标细分为小目标，并设定清晰的时间线。例如，如果目标是五年内购买房产，可以详细规划每年需要达成的财务储蓄目标，以及任何可能需要的职业进步或额外收入来源。制订计划时，务必结合现实情况并确保可行，确保每一步都有明确的指向和实现的可能。

（4）定期检查和调整

最后，为确保共同目标的持续性与活力，设定定期的检查和调整机制至关重要。生活总是充满不可预知的变数，因此，定期回顾并适时调整我们的梦想和目标，能够让我们更好地应对变化，保持其与实际情况的相关性，并持续激发我们实现它们的动力。

例如，一对情侣每年的周年纪念日都会进行一次"关系和目标审核会"，评估过去一年的成就和挑战，并根据当前的生活状况调整未来的计划。这种定期的沟通和调整，不仅可以增强双方的参与感，还能确保两人在共同的道路上同步前进。

生活总是充满不可预知的变数，定期回顾并调整梦想和目标，才能让我们更好地应对变化。

　　通过这些具体步骤，情侣们可以将爱情从浪漫的云端带到现实的土地上，共同携手筑就未来。这不仅会加深彼此之间的联系，还会增强双方对关系的信赖和关系稳定性，共同面对生活中的挑战和变化。

财务同行：
恋爱中的财务管理智慧

在恋爱的甜蜜海洋中，如果说爱情是船的话，那么财务管理无疑是辨别方向的罗盘。正确的财务管理可以让这艘船驶向幸福的彼岸，而忽视它则可能让船在暗礁中搁浅。理财同行不仅是一种实际的合作，更是情侣之间信任和责任的体现。

当然，我也理解，很多人会觉得，在爱情的甜蜜旅程中，谈

恋爱中的财务管理，实际上也是表达爱情的一种方式，
一种促进双方更加了解、更加信任的语言。

钱似乎是一种破坏浪漫的举动。不过，无论多么不浪漫，现实告诉我们，理财是维护一段恋爱关系的关键桥梁。正确处理财务问题，可以让你们的小船稳稳当当地驶过生活的波涛。

正如海上旅行不能单靠风帆，恋爱中的财务管理也不是偶尔的努力就能驾驭的。它需要持续的关注和细致的操作，以确保两人的共同航行不会因金钱问题而遭遇风暴。具体来说，情侣可以通过下面的策略来进行理财规划。

（1）共同制定财务目标

首先，来谈谈共同制定财务目标的重要性。想象一下，如果爱情是一辆前往幸福的汽车，那么共同的财务目标就是那油门踏板，帮助你们加速前进。两人需要坐下来，如同策划一次浪漫旅行一样，规划你们的未来财务。这可能包括短期目标，如共同储蓄来一次海外旅游，或长远计划，比如购置你们的"爱巢"。这样的对话会增加你们的团队协作感，让两人在迈向共同目标的道路上步调一致。

（2）预算规划的艺术

预算规划是恋爱中的必修课。我们都不愿因财务紧张而在浪漫的情人节以一碗方便面草草应付晚餐。制定预算并不意味着要过上紧巴巴的生活，而是像烹饪一顿美味佳肴一样，巧妙调配资源，确保现在与未来的生活都能充满滋味。例如，你们可以每月设定一定的娱乐和约会基金，这样在享受生活的同时，也不会因为钱包干瘪而愁云满面。

预算规划是恋爱中的必修课，
就像烹饪佳肴一样，巧妙调配资源，
以确保现在与未来的生活都能充满滋味。

（3）解决财务冲突的智慧

在这段美妙的共同旅行中，财务冲突偶尔也会如同路边的坑洼，让旅程颠簸不已。关键在于，当冲突来临时，你们要学会一起填"坑"，而不是互相指责对方是"坑"的制造者。举个例子，如果一方希望多花点钱享受生活，而另一方则想储蓄，你们可以寻找一个折中方案，比如调整每月的娱乐预算，或者交替选择娱乐活动，以满足双方的需求。

（4）实用技巧与建议

最后，不妨一起设立一个共同账户，用于日常开销，并作为实现共同目标的储蓄，同时保持各自的个人账户，以便处理个人支出。这种方法既保持了财务的独立性，又不失团队合作的精神。此外，定期进行"财务核算"，在轻松愉快的氛围中回顾财务状况，审视和调整预算，并庆祝已达成的小目标，这将是增强关系的甜蜜仪式。

情侣们通过实践这些方法，能够让理财成为恋爱关系中深化情感的台阶，而非绊脚石。记住，当你和恋人携手面对金钱问题时，就如同共同驾驭一艘坚不可摧的小船，即便是遇到狂风巨浪，也能以乐观的心态笑对挑战，最终携手抵达财务自由的彼岸。

正确处理财务问题，
可以让你们爱情的游轮稳稳当当地驶过生活的波涛。

当然，在恋爱的甜蜜航程中，虽然财务管理如同引领我们驶向成功彼岸的船帆，但不留神也可能触碰到暗礁。在我们扬帆远航之前，让我们投放智慧之锚，用敏锐的洞察力探测潜在的财务风险，并学习如何巧妙规避。以下是一些可能的风险及相应的解决对策，供参考。

（1）过早地共享财务信息

在建立财务透明度的过程中，过早或过度地共享个人财务信息都可能带来风险。在关系的早期阶段，这种共享需要谨慎进行。建议在双方充分建立信任并对未来有了共同计划后，再逐步开放财务信息的共享。

对策：据关系的发展情况和双方的舒适度逐渐提高财务信息的透明度。

（2）忽视个人财务安全

即便是在最亲密的关系中，保持一定的财务独立也是非常重要的。这不仅保护了个人在财务上的安全，也确保关系中的任何一方都不会因经济原因感到被束缚。确保个人账户和共同账户之间有清晰的界线，是智慧的财务管理策略。

对策：即便是共同的财务目标，也要保持个人的经济自主权，保障个人利益。

（3）没有应急计划

再好的财务计划也可能遇到意外情况。不设立应急基金或未对财务计划进行风险评估，可能导致面临突发事件时手足无措。建议情侣们共同设立一个紧急基金，用于应对意外支出，如医疗费用、失业等情况，以保障双方不会在财务危机时遭受太大的打击。

对策：预先设定一部分资金作为应急使用资金，以确保在面临突发财务状况时，能够拥有足够的资金缓冲，从容应对。

通过科学的理财策略和对潜在风险的有效把控，我们能够巧妙地在恋爱中融入金钱话题，而不会损害那份独特的浪漫氛围。这样的做法，不仅为你们的感情增添了现实与责任的底蕴，更为关系带来了长远的稳定与安全感。理财，实际上，也是表达爱情的一种方式，一种促进双方更加了解、更加信任的语言。

热情有分寸：
如何获得对方家人的认可

周鹏和陈芳已经交往了一年多，关系进展得相当顺利。为了让两人的关系更进一步，周鹏决定去陈芳家里正式拜见家长，展现自己的诚意。

陈芳的家庭比较传统，对她的男朋友有着一定的期望和要求。

而周鹏对这次见面充满自信，他认为自己幽默风趣，能够轻松赢得陈芳家人的好感。他提前准备了一些笑话和趣事，希望通过活跃气氛来展示自己的个性。

陈芳的父母安排了一次家庭聚餐，以此来认识周鹏。不过作为一个追求时尚的年轻人，周鹏穿着向来十分新潮，并带着几瓶洋酒作为礼物，信心满满地出现在陈芳家的门前。陈芳的父母保守传统，对周鹏的打扮略感意外，但仍然保持礼貌，热情地迎接了他。

餐桌上，陈芳的父亲尝试着询问周鹏的工作和未来规划。周鹏为了表现自己的不拘小节，回答说："我不太喜欢被束缚，喜欢随性而为。其实人生就是要享受当下，不是吗？"陈芳的父亲听后眉头一皱，没有继续追问。

如果你被邀请参加恋人的家庭聚会，记住这不是吃喝玩乐的机会，要根据情境适时调整话题和沟通的方式。

晚餐中，周鹏试图用一些前卫的现代观念和幽默轶事来活跃气氛，其中不乏关于婚姻观念和个人自由的轻松调侃。然而，这些话题明显触碰了陈芳父母的敏感点。陈芳的母亲不悦地说："周鹏啊，我们家呢，比较重视传统的价值观，你这样的观点我们可能不太能接受。"

周鹏意识到气氛变得有些尴尬，试图解释自己的言论只是为了调节气氛，但因为缺乏分寸感，他的话题反而变得更为深入，继续讨论他对自由恋爱的看法。陈芳试图打圆场，但已经难以挽回局面。

聚餐结束时，陈芳的父母礼貌地送周鹏出门，但脸上的表情明显不再那么热情。周鹏离开后，陈芳与父母进行了一次严肃的谈话。陈芳的父母表达了对周鹏缺乏适当家庭观念和分寸感的担忧，认为他可能不是一个合适的长期伴侣。

周鹏在回家的路上反思这次的表现，意识到他可能过于自信，忽略了适应对方家庭文化的重要性。这次经历给他敲响了警钟，如果想要与陈芳长久走下去，他需要更多地考虑和尊重对方的价值观和感受。

在恋爱的世界里，你不仅是在与一个人交往，更是在与一个家族、一个朋友圈接触，特别是与他／她的家人建立良好的关系。这远非仅仅展现社交技巧那么简单，更是连接你与恋人心灵的桥梁，能为你们的关系筑起坚实的根基。

在恋爱的世界里，你不仅是在与一个人交往，
更是在与一个家族、一个朋友圈接触。

　　如果你被邀请参加恋人的家庭聚会，或是主动登门拜访他／她的父母，请注意，这不是一个吃喝玩乐的机会，而要把这看作是展示你情绪智力的舞台。在这里，你的任务不是表现得风趣幽默或者是漂亮可爱，而是要展现你的包容和理解力，以及你与不同性格、背景的人相处的能力。

　　在心理学上，初印象是在与人初次会面时形成的快速而持久的看法，它可以极大地影响一个人对他人的感知和未来互动。因为这些印象通常在短时间内形成，并在以后很难改变，所以当你初次和对方父母等家人见面时，一定要尽量留下一个好的印象。

接下来，让我们看看初次和恋人的家人相处时，有哪些重要的原则能帮你快速得到对方家长的欢迎。

（1）了解并尊重家庭文化

周鹏在这次聚会中没有事先了解，或者忽略了陈芳家庭的传统习惯和价值观。他带来的洋酒和当天的穿着可能适合一些开放的家庭环境，但对于较为传统和保守的家庭来说可能不太合适。因此，在计划见面时，事先详细了解对方家庭的文化和习惯是非常重要的。可以提前询问恋人，哪些话题是敏感的，哪些行为是不可接受的，以此来避免不必要的尴尬。

（2）选择适宜的话题

体现情绪智力的一个重要方面，是能够根据情境调整话题和沟通的方式。周鹏在餐桌上讨论个人自由和婚姻的玩笑可能在某些环境中被视为幽默和开放，但在陈芳的家庭中显然不受欢迎。当周鹏意识到气氛变得紧张时，他本可以转换话题，比如询问陈芳的童年趣事等，这些都是安全且能够促进情感交流的话题。

（3）热情参与到谈话中

在与对方父母的交流中，热情的参与可以被视作是一种社交的"调味品"。适时地展示你对话题的兴趣，并积极参与，就像是在美食中加入恰到好处的调料一样，能使对话更加生动有趣。记住，合适的问候、积极的回应以及真诚的微笑是通往成功的关键步骤，这能让每个人都感觉到温暖和开心。

合适的问候、积极的回应以及真诚的微笑永远不会出错，
这能让每个人都感觉到温暖和开心。

（4）保持谦逊的态度

在这样的场合，谦逊是你的护身符。无论你有多少成就或多么出色，保持一种谦逊的姿态，让对方父母感觉到你是在诚恳地进入他们的世界。这就像在一个新探索的森林里行走，你可能会对一些事物感到好奇，但保持谦逊和敬畏会让你更加珍惜这段经历，并赢得周围人的尊重和喜爱。这样的态度不仅能缓解紧张的氛围，还能给人留下深刻的印象。

共同成长：
携手前行，共创美好未来

　　在恋爱和婚姻的道路上，共同成长不仅是情感的默契，更是彼此进步的驱动力。很多时候，关系中出现裂痕，往往是因为一方不断努力上进，而另一方却选择原地踏步，这样的差异最终会导致双方在思想和生活节奏上不再同步，渐行渐远。因此，培养共同成长的意识，不仅能够加深感情，还能防止以上情况的发生。

共同成长，既是一种甜蜜的承诺，
也是让关系焕发活力、走向彼此内心的关键所在。

想象这样一个场景：两个人一起坐在阳台上，分享一本书的内容，或者在周末一起参加一个在线课程，讨论学到的新知识。这些共同学习的时刻，不仅丰富了你们的生活，还强化了作为一个团队的感觉。

在这个过程中，以下几个策略可以帮助恋人或夫妻共同成长，走向美好的未来。

（1）设定共同的学习目标

选择一个共同感兴趣的领域，比如外语学习、烹饪技巧或是摄影等，然后设定一个具体的学习目标。例如，你们可以计划三个月内通过在线课程提高意大利语水平，或者一起学习如何制作复杂的甜点。这种共同的学习活动不仅能提高技能，还能增加你们共度时光的乐趣。

共同成长不仅是情感的默契，更是彼此进步的驱动力。

（2）参与互动性强的活动

报名参加工作坊或课程，比如舞蹈班或是陶艺课。这样的活动不仅仅是学习新技能那么简单，更是一种新的社交体验，可以让你们在互动中更加了解对方，同时也能见证对方在新环境中的表现。

（3）分享学习成果

每当你们在某个领域取得进步时，不妨组织一个小活动来展示你们的成果。比如，如果你们一起学了烹饪，可以举办一个小型的晚餐派对，邀请朋友来品尝你们的手艺。这种成果的分享不仅能增强自信，还能在朋友和家人面前展示你们作为一个团队的力量。

（4）定期反思和调整

成长的路上难免会有挫折和困难。定期坐下来反思你们的学习过程，讨论哪些方法有效，哪些地方还需要改进。这种开放和诚实的沟通可以帮助你们更好地适应彼此的学习风格和生活节奏。

（5）成为互相激励的伙伴

在追求成长的道路上，相互激励，共同面对挑战。当一个人感到气馁或疲惫时，另一个人可以提供支持和鼓励。例如，如果一个人为了某个难题而烦恼，另一个人可以帮助寻找解决方案，或者至少提供倾听的耳朵。

在追求成长的道路上，你们要相互激励，
携手共进，共同迈向更加灿烂辉煌的未来。

通过实施这些具体的行动和策略，我们不仅能在与恋人的关系中展现出成长和进步，更能在与对方家庭互动时获得坚如磐石的信任和鼎力支持。共同成长，既是一种甜蜜的承诺，也是让关系焕发活力、走向彼此内心的关键所在。在爱的长河中，让我们以共同成长作为情感的独特表达，携手共进，共同迈向更加灿烂辉煌的未来。